"珍藏中国"系列图书

贾文毓 孙轶◎主编

钢花飞红
中国的工业

黄 霖 编著

希望出版社

图书在版编目（CIP）数据

中国的工业：钢花飞红 / 贾文毓编著 . —— 太原 : 希望出版社 , 2014.10

（珍藏中国系列）（2019.9重印）

ISBN 978-7-5379-7101-0

Ⅰ.①中… Ⅱ.①贾… Ⅲ.①工业经济－中国－青少年读物

Ⅳ.① F42-49

中国版本图书馆 CIP 数据核字 (2014) 第 230624 号

图片代理： www.fotoe.com

中国的工业——钢花飞红

著　者	黄　霖
责任编辑	张　平
复　审	武志娟
终　审	刘志屏
图片编辑	封小莉
封面设计	高　煜
技术编辑	张俊玲
印制总监	刘一新
出版发行	山西出版传媒集团·希望出版社
地　址	山西省太原市建设南路 21 号
经　销	新华书店
制　作	广州公元传播有限公司
印　刷	保定市铭泰达印刷有限公司
规　格	720mm×1000mm　1/16　10.5 印张
字　数	210 千字
印　数	11001—21000册
版　次	2015 年 2 月第 1 版
印　次	2019 年 9 月第 4 次印刷
书　号	ISBN 978-7-5379-7101-0
定　价	32.00 元

目录

一、工业与生活

二、金龙飞舞——中国主要工业地带

三、别具一格——中国主要工业基地

四、华夏明珠——中国主要工业城市

五、争奇斗妍——中国主要工业类型

一 工业与生活

18世纪中叶英国工业革命使得工业生产的基本面貌有了巨大的变化，这三次工业革命也使得人类社会发生了深刻的变化，表现在政治、经济、社会、生活、环境等诸多方面。英国首先开始了人类历史上一次具有划时代意义的生产关系变革——产业革命，我们通常把它叫做第一次工业革命，它标志着近代工业的诞生。从那以后，人类社会经历过几个世纪的发展，又迎来了第二次和第三次工业革命，工业也逐渐跨入现代工业发展阶段。尤其是至今方兴未艾的第三次工业革命，因为有了工业，我们才有了今天高度发达的物质文明。一定程度上说，工业是人类社会和文明演变发展的助推器。

本册书中，我们将一同走进中国工业的方方面面。诚所谓"千里之行，始于足下"，在下面的内容里，我们将首先了解关于工业的一些基本常识，包括工业的含义、生产特点、主要类型、布局要求（区位选择）、地位作用以及中国工业分布的基本地理格局。

走近工业世界

▲电脑英特尔"奔腾"4处理器的广告

在初高中阶段的地理教材里，关于工业的基本论述有很多，通过学习我们也有了基本的一些认识，本书中我们将了解更多关于工业的知识。工业的世界精彩绝伦，能让我们感兴趣的地方不在少数，就让我们一起开始工业世界的旅程吧。

知识链接 ✓

工业（industry）是社会分工不断发展的产物，它的一般含义是这样的：采掘自然界的物质资源或对工农业产品、原料进行再加工的物质生产部门。在这里我们需要注意的是，工业既可以以自然界的各种物质资源为生产对象，也可以以工农业产品和原料为生产对象，比如林木加工业是以自然界的林木资源为原料的，而汽车制造业则是对钢铁产品等进行再加工制造。在古代，工业还仅仅局限在手工业的发展阶段，它甚至隶属于农业中的副业；到了机器大工业和现代工业的阶段，它已经逐渐从农业中分离出来，成为一个独立的物质生产部门了，也就是"农业为我（工业）提供生产的原料了"。按照国际通行的"三次产业"划分方法，第一、二、三（次）产业分别为农业、工业、服务业。

工业的个性

在国民经济各个物质生产部门中，相比于农业生产过程而言，工业的生产过程具有其独特的一面。

首先，工业生产对于自然条件的要求不像农业那么高。工业生产主要是在工厂里进行，受自然界的气象、气候和自然灾害的影响比较小，而农业则根植于大地，气候、水分、热量、地形、土壤等诸多自然要素条件对其影响颇大。如果我们在下雨天看见农民收摘棉花会认为是件不可思议的事情！但是也不能说工业生产就与自然条件无关，例如啤酒酿造业就必须要有清洁优质的水源供应、核电站的选址要求特殊的地形条件等等，一定范围内的工业生产是和自然条件分不开的。同样，如果我们看到工厂被建在悬崖峭壁上也会大吃一惊的！

其次，工业生产一般不受季节和地带的约束。农业生产的对象是动植物，它们一般具有明显的季节性和周期性，如种植水稻在海南一年三熟而在东北早熟稻产区则是一年一熟。工业生产则不会轻易因为季节变换而开停机器，我们满耳充盈的始终是那隆隆

▲内蒙古包头市北方重工（内蒙古北方重工业集团）的汽车制造装配车间

的机器奏鸣曲。另外，工业的地区适应性比较强，不似农作物还有地域之分（例如南稻北麦），一般地区都可以根据自己的实际情况建立和发展各自的优势工业项目。在我国广袤的土地上，到处可见一派工业生产欣欣向荣的热闹场景，便是对此最好的注解。

第三，正是因为有了上面两个与农业生产有别的个性，才使得工业生产过程具有连续性和稳定性。如关系到千家万户的电力工业，如果因为今天下雨或者明天刮风而轻易停止电力生产，那么会带来多大的负面关联影响。即便是在某些特殊的自然灾害面前，也要确保电力供应的稳定和安全。这一幕我们可以在2008年南方那场50年一遇的大雪灾的记忆里找到熟悉的场景——为了恢复湖南郴州的电力供应，在抢修电路中甚至有职工为之献出了宝贵的生命。在某些事关国家安全和人民生活正常需要的工业生产领域，连续性和稳定就显得更重要了。

最后，现代工业生产手段日新月异，生产工艺不断创新，产品更新换代

的周期越来越短。从三次工业革命的发展来看，其各自开始的典型标志发生了巨大的变化，依次为蒸汽机→电气化→信息技术、生物工程、新能源、新材料和微电子为代表的高新技术产业，换句话说就是三次工业革命带来了生产工具的革新、生产技术的进步。如果拿电脑软件作为例证的话，我们不难发现，诞生于现代工业阶段的电子信息产业真是芝麻开花——节节高，其生产的电子产品更是日新月异。

• 知识链接 ⊘

　　CPU（中央处理单元的英文缩写，全称 Central Processing Unit）的型号从最初的 286、386、486 到今天的奔腾（Pentium，即 586，只是 Intel 公司不再以此作为称呼）系列（PentiumⅡ、PentiumⅢ）、酷睿系列，其性能日渐精进。其他诸如手机产品、彩电也是典型的例证，在此就不再一一赘述了。

工业大家庭

　　日常生活中，我们会经常听到和接触到许多工业部门的称谓或名词，比如老师说纺织工业是我国的传统工业部门、爸爸告诉我日本的汽车制造业很发达、在书本上看到的关于钢铁工业的介绍等等。其实呢，这些都是工业大家庭里的一员，接下来让我们来看看它的家庭成员构成吧。

　　按工业生产的对象分——简单地可以把工业分为采掘工业和加工工业。所谓采掘工业就是从自然界采掘或直接开采自然物质资源的生产部门，主要包括各种金属和非金属矿产（如煤炭、铁矿、石油与天然气、化学矿等）采选，木材采伐及自来水的生产与供应等。其特点为：①以自然界的天然物质为劳动对象，其产品是制造业必须的原材料；②建设周期长，投资大，产品运输量大；③矿床资源的有限性。而加工工业则指对采掘的资源（原料）和工农业产品进行再加工的生产部门，比如石油冶炼工业、有色金属冶炼工业、钢铁工业、食品加工业等。这是我们日常生活中对工业的最基本划分办法。

　　按工业生产的产品性质和用途分——在过去的产业经济学中，人们往往根据产品单位体积的相对重量把工业划分为轻工业、重工业。产品单位体积的重量大的工业部门就是重工业，反之就属轻工业。由于在近代工业的发展中，化学工业居于十分突出的地位，因此，在工业结构的产业分类中，往往把化学工业独立出来，同轻工业、重工业并列。这样，工业结构就由轻工业、重工业和化学工业三大部分构成。一般在研究中常把重工业和化学工业放在一起，合称重化工业以同轻工业相区分。另外一种划分轻工业、重工业的方法是把提供生产资料的部门称为重工业，生产消费资料的部门称为轻工业。

中国国家统计局对轻工业、重工业的划分接近于上述后一种标准，根据《中国统计年鉴》，重工业的定义是：为国民经济各部门提供物质技术基础的主要生产资料的工业。按其生产性质和产品用途，又可以分为下列三类：①采掘（伐）工业，是指对自然资源的开采，包括石油开采、煤炭开采、金属矿开采、非金属矿开采和木材采伐等工业；②原材料工业，指向国民经济各部门提供基本材料、动力和燃料的工业。包括金属冶炼及加工、炼焦及焦炭、化学、化工原料、水泥、人造板以及电力、石油和煤炭加工等工业；③加工工业，是指对工业原材料进行再加工制造的工业。包括装备国民经济各部门的机械设备制造工业、金属结构、水泥制品等工业，以及为农业提供的生产资料如化肥、农药等工业。轻工业则是指主要提供生活消费品和制作手工工具的工业。按其所使用的原料不同，又可分为两大类：①以农产品为原料的轻工业，是指直接或间接以农产品为基本原料的轻工业。主要包括食品制造、饮料制造、烟草加工、纺织、缝纫、皮革和毛皮制作、造纸以及印刷等工业；②以非农产品为原料的轻工业，是指以工业品为原料的轻工业。主要包括文教体育用品、化学药品制造、合成纤维制造、日用化学制品、日用玻璃制品、日用金属制品、手工工具制造、医疗器械制造、

▲ 江苏淮安金湖县淮河入江水道边，江苏油田的井架夕照

文化和办公用机械制造等工业。

总之，重工业即生产生产性资料、其产品用于再生产的工业部门；轻工业即生产生活性或消费性资料、其产品用于生活和消费的生产部门。下面两幅图就是很好的说明。

按照投入要素比划分——这里的投入要素比指的是在工业生产过程中所投入的各种要素如资金、技术、人力、原料等分别占的比重。按照投入要素比，我们可以将工业划分为以下几种主要类型（称为 XX 密集型工业）：

资源密集型工业。在工业生产的投入中，原材料、燃料投入占重要地位的工业类型。包括石油开采工业、制糖工业等。

劳动密集型工业。在工业生产中投入劳动力较多的工业类型。这里的劳动力主要强调其数量而非劳动力素质。比如棉纺织工业、电子器件组装业等。

资金密集型工业。在工业生产中投入资金较多的工业类型。如钢铁工业、化工工业等。这类工业需要大量的资金投入，但对原材料的依赖仍很严重。随着社会的发展，交通运输业不断提高，使这类工业的布局已变得灵活多了。所以，我们把这类工业归入资金密集型工业。通常它与资源密集型工业在一起，

▲女工在啤酒生产车间的流水线工作，内蒙古包头燕京啤酒公司　▲20 世纪 50 年代，上海，纺织印染厂

往往形成大规模的工业区。

技术密集型工业。在工业生产中投入科学技术因素较多的工业类型。如电子工业、核工业、航空航天工业、生物工程工业等。这类工业要求有高技术水平，因而多分布在科学技术和高等教育发达的地区。

需要强调的是，对于以上四种工业类型的划分，严格来说，并没有一个确切的界限，就多数工业部门而言，很难确定它们属于何种工业类型。例如纺织工业既有劳动密集型的特点，也有资源密集型的特点；钢铁工业既属于资金密集型，也兼有资源密集型的特点；瑞士的钟表工业，既有劳动密集型特点，也有技术密集型特点等。因此，对于一个工业部门来说，我们应掌握其主要的投入因素。

如果说农业是我国国民经济的基础、交通运输业是我国国民经济的先行官，那么工业就是我国国民经济的主导，这种工业的地位是毋庸置疑的。工业的现代化程度和规模，最终决定着整个国民经济的面貌。现代化的机器大工业是一国现代化的起点和推动力，是国民经济的主导。工业的主导作用主要表现为工业是国民经济各部门进行技术改造的物质基础，具体来看表现在以下几点：工业为国民经济各部门提供先进的技术装备；为国民经济各部门提供能源和原材料；为满足人民生活需要提供各种消费品；是国家积累的主要来源；也是加强国防的重要条件。

回望我国的历史，一个最根本的事实是，中国经济发展有赖于工业持续高速增长以及工业化进程的迅速推进。就像中国社科院工业经济研究所所长金碚所说："工业一直是我国改革开放前沿领域，也是国际竞争力提升最快的产业。"在今后的社会主义现代化建设过程中，工业的主导地位是始终不能改变的。

国民经济的主导

清代的康有为说过："国尚农则守旧愚昧，国尚工则日新日智。"这是近代中国维新者发展工业的呼号。恩格斯也曾说："任何一个民族，如果被剥夺了工业，从而沦为单纯的庄稼汉的集合体，那是不能和其他民族在文明上并驾齐驱的。"这是马克思主义创始人真实的预言。列宁说："没有工业，文明就会灭亡而不成为独立国家。"这位前苏联伟大的引航者更加看重工业的巨大作用和意义。我国的发展之路和改革开放的辉煌历程告诉我们：发展工业是祖国强盛、民族复兴的必由之路。在思想意识上，必须认清和肯定工业的地位，才是发展和推动工业的前导。

工业的区位选择

区位选择简单来说就是布局的意思，也就是说如何选择工业生产的地址、在什么地方生产比较合适。经济学鼻祖亚当·斯密（公元1723—1790年）在《国家康富的性质和原因的研究》（简称《国富论》）中道出了人类一切经济活动的真实目的——即为取得利益，工业活动亦然。因此，我们在考虑和认识工业区位选择的时候就必须从此根基出发，换言之，如何才能投入最少而产出（利润）最高是第一要素。在"利润最大化"原则的指引下，工业区位选择将上演什么样的精彩场面呢？我们将拭目以待。

影响工业区位选择的要素

前面简单提到了工业生产过程中需要投入的一些要素，在这里我们可以将它们分门别类，因为这些要素（条件）也是我们探寻工业区位选择秘密的钥匙。影响工业区位选择的要素包括：自然条件——自然要素（包括地形地貌、水文、气候等）、自然资源（原材料、燃料）、自然灾害（地震、暴雨洪涝等）；社会经济条件——技术条件、交通运输条件、人口条件（劳动力数量和素质）、市场条件、历史条件（地区经济基础、历史发展面貌等）、文化条件、民俗习惯条件等；政治条件——政治环境、政策稳定度、政府决策、法律法规制度等。

在这里需要特别指出的是，随着人类社会不断进步、经济不断发展、科学技术不断创新，影响工业区位选择的这些要素也会随之发生变化。变化主要表现在其地位也就是影响力强弱的更迭上，我们可以通过上海宝山钢铁公司（简称宝钢）的例子来说明。上海历史上经济基础较好，近代以来就是我国东部沿海的窗口，其经济发展必然要求发展钢铁工业。但是上海没有煤炭资源也没有铁矿石资源，怎么发展钢铁工业呢？结果依赖国内外市场的原材料、燃料供应和市场需求的拉动，宝钢不但发展起来了而且成为我国钢铁工业的领头军。在这一例子当中，我们可以发现，原来限制宝钢发展的原材料、燃料条件影响力在下降，而市场需求、交通运输（如利用海运自印度、澳大利亚等国进口铁矿石资源）等因素的影响力却大幅度提升了。

那么是不是任一工业生产部门进行区位选择的时候都必须考虑上述所有因素呢？答案是否定的。往往工业区位选择时仅仅考虑其中最主要的某一个或几个要素，也可以这样理解，什么因素是其发展中限制条件就考虑什么因素——对此，我们称之为限定性原则。找到了这把打开工业区位选择大门的钥匙，精彩即将呈现。

工业区位选择一般规律

首先，根据限定性原则，结合上面谈到的几种密集型工业的内容，可以把工业区位选择时的形成的类型进行划分。鉴于相关原理知识基于上述内容，下面便以简练为要进行划分。

原料导向型工业。是以原料为主导因素的工业类型，如山西省的煤炭工业，就是基于本地丰富的煤炭资源供应，在布局工业时便显得从容多了。

动力导向型工业。是以动力（如电力）为主导因素的工业类型，如我国南方的众多有色金属冶炼工业，在布局时就必须考虑接近发电厂以便得到充足的能量供应。

市场导向型工业。是以市场为主导因素的工业，像食品厂、饮料厂等在布局时就必须靠近市场，接近消费人群。

劳动力指向型工业。是以劳动力（主要指廉价劳动力）为主导因素的工业，在我国具有悠久历史且遍布各地的纺织工业就是典型代表。因为我国具有大量廉价的劳动力资源，国外许多劳动力密集型工业也纷纷向我国转移也是这个原因。

技术指向型工业。是以科学技术（或教育资源、人才资源）为主导因素的工业，近年来我国各地如雨后春笋般兴起的高新技术产业园区就是依托各地的科技、人才、教育资源建立起来的，这是"科学技术是第一生产力"的明证。

　　其次，在进行区位选择的时候还必须考虑社会需要这一因素。如出于缩小我国区域间发展差距的需要，中央政府提出并实施了"西部大开发战略"，不断推动西部地区基础设施的建设和地方特色工业的发展；解放初鉴于国防安全的需要，刻意把工业布局在偏远、人烟稀少、远离沿海的大山、内陆地区并提出了"大三线战略"。当然，除了以上两点之外，厂商个人的偏好、工业惯性等社会因素也是必须考虑的。

　　最后，结合当今世界环境保护的大趋势，响应国家建设环境友好型社会的号召，在进行工业区位选择的时候就必须考虑到环境保护这一至关重要的因素。简单来说，也就是发展工业如何做到保护环境。我们知道，工业生产会产生"三废"（废气、废水、废渣），极易给环境带来污染。在实际布局过程中，必须考虑"三废"给环境各组成要素包括水文（河流）、大气等在内的影响，并逐一避免。污染大气的工业，就必须考虑当地风向，避免废气污染大气；污染河流的工业，就应当考虑排污口位置，不能放在河流上游以免给下游居民饮用水源造成污染；而容易产生大量废渣的工业应当远离居民区和农田。

知识链接 ✓

　　我们应当因地制宜，根据当地的资源、劳动力、经济、技术条件等，确定优先发展的工业类型。一般来说，经济水平较低的地区，多发展资源密集型和劳动密集型工业；经济水平较高的地区，可重点发展资金密集型工业；科技发达地区可发展技术密集型工业。万不可随心所欲、盲目乱动。我国有些地方违背自身实际情况盲目上马许多"形象工程"、"面子工程"带来的深刻教训是不能轻易忘记的，一切必须从客观实际出发，这才是进行工业区位选择的基本要义。

中国工业地理分布格局

　　从弱到强，从小变大，从残缺到逐渐完善，恐怕是对近代以来中国工业发展之路最好的诠释。翻开中华人民共和国地图，映入眼帘的是到处蓬勃发展的工业绽放出的璀璨光华，不禁让我们浮想联翩，坠入历史和现实的对比之中……

旧中国工业发展与地理分布

　　旧中国从 19 世纪 40 年代起，至 1949 年新中国成立，整整 100 多年时间，由于帝国主义侵略，给我国工业发展和地理分布留下深深的殖民地和半殖民地烙印。旧中国的工业基础十分薄弱，更别说大工业了。年龄大的人都会记得，当时我们很多日用品的名称都带"洋"字，如火柴叫洋火、铁钉叫洋钉、煤油叫洋油，因为这些东西都是靠进口的。这充分说明当时我国还没有自己的工业体系和强势工业，对外依赖性很强。

　　旧中国的工业是从遭受帝国主义殖民侵略开始，经过了一百多年畸形发展，其规模之小、工业产品产量之低在今日实难想象。以国民经济经过恢复发展且达到并超过建国前最高产量的 1952 年的人均量作为比较，不仅所有工业产品的品种全部低于美国同期的几倍、几十倍、几百倍、甚至于几千多倍，而且大多数主要品种的产量（如钢材、水泥、发电量、石油、布、食糖等）也低于印度同期很多。根据有关部门的统计，1949 年前的一百年间，中国工业发展积累下来的固定资产只有可怜的 100 亿元。但就在如此之低的工业生产量中，外国资本还占到约 70%，国内资本仅占约 30%。而在国内资本中，官僚资本又占统治地位，以 1946 年为例，占到 80%。

　　旧中国不仅工业规模产量小得可怜，结构还很畸形。生产资料（重工业）

▲ 1917 年—1919 年，中国，煮盐

产值很低（约占 30% 以下），生活消费资料（轻工业）产值较高（约占 70%
以上）。工业技术水平十分低下，多半从事一些修理和装配等较为低级的工
业活动。工业布局极不合理，极少一点工业几乎全部集中在沿海几个大一点
的城市。如 1936 年，关内（明清称山海关以西地区为"关内"）工业产值的
94% 是由上海、青岛、广州、北平、南京、无锡六个城市提供的。广大内地
几乎没有近代工业，中等以下城市的所谓工业基本上是一些布坊、染坊、酒
坊以及铁匠铺一类的手工业。90% 的县城没有电力供应。火车、轮船、汽车
等现代运输工具要在沿海、沿江或大中城市才能见到。县城以下的地方交通
运输连胶皮轮的车辆都很罕见，一般都是些千百年来一直使用的木轮的，有
的还带个铁箍的牛马车、人力车，而最穷的地方和人家连这样的车子也没有，
就是肩扛人挑。

　　这也再次充分证明了，落后就要挨打，没有独立自强的国家就没有工业
发展的希望。

新中国工业发展概述

　　按照历史的顺序及特点，新中国工业大体分为四个阶段：

　　第一阶段为 1949 年～1957 年，国民经济恢复和"一五"时期。这期间，
是中国历史上经济发展比较快的时期。一方面，仅用 3 年的时间就恢复了国
民经济，工业生产迅速增长。1949～1952 年，工业总产值由 140 亿元增加到
343 亿元，同比增长 1.45 倍，年均增长 34.8%。同时，在整个"一五"期间，
我国工业生产取得了巨大成就。其中最突出的标志是新中国建设了以"156 项"
为核心的近千个工业项目。在这些骨干项目的带动下，工业快速建立起来。
"一五"期间，我国工业增加值年均增长 19.8%。这些项目的建成投产，建立
了一系列新的工业部门，在中国大地上史无前例地形成了独立自主的工业体
系雏形，初步奠定了社会主义工业化的基础。

　　第二阶段为 1958 年～1965 年，"大跃进"和国民经济调整时期。由于建
国后国民经济恢复和第一个五年计划顺利完成，主观主义、急于求成的情绪
蔓延滋长起来，指导思想上出现"左"的倾向，导致重大比例关系严重失调，

工业生产难以持续发展。1958年~1960年，工业增加值3年增长1.1倍，随后大幅度下降。1961年我国被迫实行"调整、巩固、充实、提高"的八字方针，对国民经济发展进行了3年的综合治理，使我国国民经济发展得到了较好的恢复。工业增长速度明显加快，1963年~1965年间工业增加值年均增长21.4%，比"二五"期间高18.7个百分点。

第三阶段为1966年~1978年，是我国工业经济大起大落时期。1966年~1976年是文化大革命10年动乱时期，工业经济大起大落。1967年全国工业增加值比上年下降15.1%；1968年又比1967年下降8.2%；1969年、1970年增幅则在30%以上，1976年又下降3.1%。1976年粉碎"四人帮"，结束了10年内乱，中国历史出现了转机。

第四阶段为1979年改革开放以来，我国工业经济进入了腾飞期。1978年12月，中国共产党十一届三中全会召开，开启了改革开放的新时期，工业经济从此插上了腾飞的翅膀，工业经济获得了空前的发展。2008年全部工业增加值达129 112亿元，比1978年增长25.4倍（按可比价计算），年均增长11.5%。制造业大国地位初步确立，工业生产能力大幅提高。我国在能源、冶金、化工、建材、机械设备、电子通信设备制造和交通运输设备制造及各种消费品等工业主要领域，已形成了庞大的生产能力。一个具有一定技术水平的、门类比较齐全的、独立的工业体系已经建立起来。工业主导地位显著增强，实现了工业化初级阶段到工业化中级阶段的历史大跨越。

到今天，我国已经初步形成了以机器大工业为主的局面。目前，我国的工业生产已具有相当规模，工业的发展保持了较高的增长速度，工业门类比较齐全，工业技术水平不断提高，工业布局明显改善。文字始终是苍白的，还是让资料和数据说话吧——

惊人的跨越，锻造共和国经济的脊梁：目前中国工业产品产量居世界第一位的已有210种。一个曾经连铁锅都要砸掉炼钢的国度，如今正在为无法消化过剩的生产能力而烦恼；一个曾经的"贫油国"，崛起了一座座石油新城；一个曾把轿车当作奢侈品的国家，如今正在为扩大消费而鼓励汽车下乡。

数据的对比，让我们自豪：1949年我国钢产量只有15.8万吨，不到世界产量的千分之一，如今粗钢产量突破5亿吨，占全球产量的近40%。1949年我国原油产量只有 12 万吨，2008 年接近 1.9 亿吨，是 1949 年的 1 500 多倍。1959 年我国汽车产量只有 1.6 万辆，而 2008 年逼近千万辆大关。

"中国轻工产品目前出口到世界 200 多个国家和地区，中国已成为许多轻工商品的国际制造中心和采购中心，成为重要国际贸易集散地和供应地。"目前我国自行车、缝纫机、电池、啤酒等 100 多种产品的产量居世界第一，家电、皮革、家具、羽绒制品、陶瓷、自行车等产品占国际市场份额的 50% 以上。

改革开放以来我国工业发展的成就主要表现在：加快了基础设施、基础工业建设。突破了能源、交通电信等"瓶颈"，建成了机械、电子、石化、汽车、建筑业五大国民经济支柱产业；调整了重工业和轻工业发展速度和比例；加大国企体制改革和技术改造力度，努力提高经济效益；根据市场原则改善工业布局，实行沿海、沿江、沿边的全方位开放政策，鼓励乡镇企业、第三产业发展，加快开发西部，实现共同富裕。

在看到成就的同时我们也要看到存在的差距和不足：我国工业与世界发达国家的工业相比，还存在着较大差距，工业化的任务还没有最终完成，在工业现代化建设的道路上我们仍然任重而道远。

新中国工业地理分布格局

在看待工业分布问题上，我们可以沿着以下思路来进行：一个国家或地区的工业分布必然是由众多工业地带所构成的，而工业地带是由许多呈面状的工业地区（工业基地）所构成，工业地区又是由许多工业城市（中心）构成，工业城市又包含着无数个工业类型。简言之，这是由大到小的思路，即：工业地带→工业地区→工业城市→工业类型。这样思路清晰了，问题也就拨云见日了，在分析中国工业地理分布格局问题上也可采用此法，本书后面的几个部分大的方面亦遵循这一思路。

翻开中国工业分布地图，我们可以看到中国主要的几大工业地带，其中包括沿着河流分布的黄河、长江工业地带，沿着第二欧亚大陆桥在中国的主要分支——陇海—兰新线分布的工业地带和东部沿着海洋分布的工业地带。这几大主要工业地带，或南北纵横或东西延伸，如同条条金龙飞舞在神州大地，托起了中国工业的脊梁。

在中国短暂的工业发展历程中，老与新、轻与重为我们演绎出了"一山还有一山高"、"你方唱罢我登场"、"江山代有人才出"、"长江后浪推前浪"般的工业发展演义，最终在华夏大地留下了四个浓墨重彩的印记，它们被称为我国四大工业基地（工业地区）。自北向南依次可以排序：辽中南工业基地、京津唐工业基地、沪宁杭工业基地、珠三角工业基地。可以说他们在一定程度上组成了我国工业发展的骨架，支撑着我国工业的今天和未来。

正如地图所示，那一个个大大小小的圆圈宛如一粒粒明珠点缀在祖国大地上，那就是我国的主要工业城市。这些工业城市中有能源（煤炭、水电）工业城市如山西省太原市、湖北省宜昌市；有石油工业城市如黑龙江省大庆市、新疆维吾尔自治区克拉玛依市；有冶金工业城市如四川省攀枝花市、河北省邯郸市、甘肃省金昌市；有机械、电子工业城市如上海市、北京市、陕西省西安市、广东省深圳市；有轻加工工业城市（包括纺织工业城市、食品工业城市、造纸工业城市、皮革工业城市、森林工业城市）如内蒙古自治区呼和浩特市、浙江省义乌市等等。粒粒明珠璀璨生辉，代表着新中国工业发展的形象。在中国经济快速发展的大背景下，在城市化与工业化交相推动机制下，我们相信会有越来越多的工业城市步入明珠的行列。

从一穷二白，到工业大国，中国用 60 年的时间走过了西方发达国家近300 年工业化的历程。惊人的跨越，见证着艰难而辉煌的历程，也预示着充满希望的前景。中国已成为名副其实的工业大国，正在向工业强国迈进。这是中国的骄傲，也是中国的信心！

● 知识链接 ✓

我国已经具有煤炭工业、机械工业、钢铁工业、石油化学工业、有色金属冶炼工业、轻工业、纺织工业、建材工业、电力工业、汽车工业、高新技术工业等众多工业类型（部门）。它们中有的是老牌传统工业类型，发展较早；有的是新兴的工业类型，犹待进一步发展；也有的已经发展到一定规模并在国际上占据一席之地。例如纺织工业、钢铁工业生产的纺织品、粗钢在我国所有出口工业品中历来占据较大份额。所有这些工业类型最直接地体现了我国工业的发展的面貌，成为我国工业发展中的血肉成分，是"中国制造"出现在世界各地市场的重要保障。

二 金龙飞舞——中国主要工业地带

工业地带通常指在面积较大的国家内，工业生产活动分布相对集中的连片地带，是社会劳动地域分工在宏观空间上的表现形式之一，是在优越的自然条件与地理位置以及雄厚的经济基础上经过长期开发建设而形成的。工业地带一般由若干个工业地区和众多的工业城市、工业枢纽及工业点组成。地带内工业部门较为齐全，生产技术及管理水平先进，工业及城镇人口密集，公用基础设施较完备，并与非工业地带及其他地区有广泛的经济联系。工业地带的地域范围跨度大，工业地域组织系统发育较完善，工业的空间组合类型多种多样，它们在生产、管理、技术和经济上存在着密切和广泛的相互联系，使工业地带成为一个整体。同时，这些组成部分又保持各自的发展特征，在地带内担负不同的职能和作用。

工业地带对于一个国家工业发展的推动作用是显著的。遍观世界，像北美工业地带、东欧工业地带、西欧工业地带等属于国家间工业地带，像日本太平洋沿岸工业地带则属于国家内工业地带。在人类社会发展进程中以及世界工业演进史上，经过优化组合、不断整合而形成的工业地带，无疑成为世界各国各地区工业发展的典型代表和集中体现。

《国务院关于进一步推进西部大开发的若干意见》明确提出，"贯彻以线串点、以点带面的区域发展指导方针，依托水陆交通，重点发展一批中心城市，形成新的经济增长极。积极培育并形成西陇海兰新线经济带等重点经济区域"。在我国经过长期的演化发展，逐渐形成了三大最主要的工业集聚地带——长江沿岸工业地带、陇海——兰新沿线工业地带和东部沿海工业地带。这三大工业地带宛若三条金龙飞舞在华夏大地，成为中国工业发展最显著的代表和最明显的体现，可谓托起了中国工业发展的脊梁。在下面的内容中，我们将一一走近这三条金龙，赏一路风云变化，感受它们的非同凡响。

河流系——长江沿岸工业地带

　　长江沿江地带大致分布在250° N ～ 350° N之间，是指长江流域中东起上海市，西至四川省攀枝花市，东西绵延3 000多千米，南北宽度大致在沿长江两岸100千米～200千米的范围内，是一个较为典型的东西狭长的"带状"区域。长江沿江地带包括11个省级行政区：云南省、四川省、重庆市、贵州省、湖南省、湖北省、安徽省、江西省、浙江省、江苏省和上海市。长江沿江地带不但是我国重要的农业区，而且工业基础雄厚，已经发展成为我国高度发达的综合性工业地带。

独特的自然条件

　　前苏联的哲学家索洛维约夫说过这样的一句话："人类社会首先应当坚定地立足于大地。"无论人类进行什么样的经济活动，仍是要立足于大地。一个国家、一个区域的自身发展也同样深深根植于大地，也就是自身所处的自然地理条件（环境）。在一定程度上自然条件的优劣就决定着区域经济发展的方向、规模、水平和前景。那么长江沿江地带都具有哪些优越的自然条件使得这里诞生我国高度发达的综合性工业地带呢？

　　本区自西向东跨越我国地形二三级阶梯，包括四川盆地、云贵高原、长江中下游平原、东南丘陵等地形区，地势总的看来比较平坦、起伏不大，以平原和低山丘陵为主，平原东西排列，各段宽窄不一。

　　在气候上本区属亚热带季风气候，夏季炎热多雨，冬季温和，四季分明，降水量丰沛，年降水量在1000毫米以上，属于湿润地区。全年无霜期210天～340天，北部能满足稻麦一年两熟对热量的需要，南部可种植双季稻和越冬作物，一年三熟，并适宜于多种亚热带林果生长。全年日照时数1 800小时～2 300小时，夏秋作物生长旺盛，结实期光照充分，光、热、水的季节配合较好，成为农作物高产稳收的重要因素。

　　正是在上述地形和气候两大因素的影响下，本区河网稠密，河流、湖泊众多，是我国地表水资源最丰富的地区。

此外，本区还有着丰富的自然资源。在长江上游地区分布有煤炭、铁矿、铜矿、天然气、磷矿等矿产资源，自然资源种类多、数量巨大。本区水能资源比较丰富，在长江流域阶梯交界处和众多支流上建有多座水电站。当然，在长江沿江地带内部自然资源的分布上也存在着差异，位于长江出海口的上海市就是矿产资源比较匮乏的代表。

如何评价本区自然条件的工作已经完成了，留给我们的就是思考在这样的优越条件下如何做好工业发展的大文章了。诚如在前文的工业区位选择中所阐述的那样，因地制宜、扬长避短才是关键。同时，进行区位选择的时候还应考虑区域的社会经济等条件，下面的内容就主要围绕它展开。

优越的社会经济条件

长江流域是人类居住时间最长的地区之一，在安徽省江北发现直立人化石，还有数处包含人类遗迹的遗址，尤其是在太湖周围。虽然中国政治史多以华北和黄河流域为中心，而长江地区却以其农业潜力对历代王朝具有重大经济意义。大运河就是用以从长江流域将粮食运往北方的大都市，可能运河最南段早在公元前 4 世纪即已得到利用，许多河段是在公元 7 世纪兴建的。由此可见长江沿江地带开发历史悠久，发展较早；加上沿江地带地势低平、土地肥沃、水资源丰富、热量较充裕、水热同期，为农业发展提供了良好条件，历来都是我国重要的农业区。这些都为本区工业的起飞和发展创造了良好的历史基础和社会经济条件。随着社会进步、经济发展和科技不断更新，本区在社会经济条件上的优势越发突出，也越来越多地被挖掘出来了，成为引领本区工业发展的关键因素。

在交通运输上，本区有着其他地区不能企及的便利和优势。一方面由于本区围绕着我国长江展开，长江水量最大、支流众多，自古就有"黄金水道"之称，因而为其提供了便利的内河航道运输，使得本区水运特别便利；另一方面，我国南北向三大铁路动脉——京沪线（北京－上海）、京九线（北京－香港九龙）、京广线（北京－广州）以及襄渝线（湖北襄樊－重庆）、川黔线（四川成都－贵州贵阳）等多条铁路干线自本区贯穿而过，使得本区铁路运输极为便利，上海、武汉、成都、重庆等都是本区典型的铁路枢纽城市。第三，近年来，等级公路、高速公路发展很快，201、205、207、330、317等国道在本区纵横交织，形成公路体系的骨架，地方道路分布于各大、中、小城市及乡镇之间，客货运量都很大。上海、武汉是我国重要的航空港。现代邮电通信事业发展迅速，为区内外信息交流提供了方便。更加特殊的是，本区可以实现水陆联运、江海联运，交通运输速度、能力也就更上一层楼了。

本区人力资源丰富，人口素质较高，文教卫生等社会条件较好。由于本区人力资源丰富，农村大量剩余劳动力的转化问题就变得十分突出，大力发展乡镇企业，就地吸收剩余劳动力，有组织地安排劳动力输出成为解决劳动力过剩的有效途径。本区"苏南模式"是农村"城市化"的成功经验，浙江温州地区、安徽无为县在劳动力异地消化方面成效显著。

技术先进、资本雄厚也是本区一大优势。本区技术力量、中专以上文化程度人数千人占有率均高于全国平均水平，目前已经发展成为我国最具活力的高新技术产业开发带之一。1949年以前，江浙及沿江一带就是我国近代工业的重心之一，资本相对雄厚；1949年以来又进行了不少资本积累；特别是改革开放后，沿海战略的实施，本区资本积累迅速增多。通过长江众多南北支流和交通网络，这些经济技术优势可向南北辐射，使我国南北经济成为一体。

本区人口众多、分布密集，而且人均收入水平高于全国平均水平，社会总需求量较大，人均消费水平较高。同时，在长期的发展过程中，本区形成了许多大城市包括上海、南京、武汉、重庆等，并呈现出集群状发展，形成四大密集城市群。城市的崛起和较高的城市化水平也为工业发展提供了动力和市场，区域内物资市场、金融市场、劳务市场以及各种商品的批发、零售市场都很发达，投资环境极为优越。鉴于此，本区日益成为全国市场的重心，辐射能力和带动作用越发明显。

不容忽视的限制性因素

虽然本区各方面的优势很明显，但是其自身也存在着发展上的限制性因素。综合来看，在本区经济和工业可持续发展过程中，主要存在以下几方面的不足。第一，本区人多地少，人口与土地资源的矛盾较大；第二，区域内自然资源分布不均，有的地方比如上海资源缺乏，也有的地方资源数量较少，制约其经济的发展；第三，区域经济发展和工业发展过程中必须处理好与环境的关系，本区也是环境问题较为突出的区域，生态环境建设与区域发展尚不相适应；第四，区域内发展也不均衡，基础设施建设也存在不少问题。如何协调好人口、资源、环境、经济、社会和发展之间的关系，坚持科学发展观，实现区域可持续发展是本区今后的工作重心。

区域发展定位

目前和今后必须充分利用好自身具备的优势，做好区域发展的定位工作：首先，西部地区可以借助江海联运，进入国内发达地区市场和国际市场。其次，长江沿江地带自东向西将上海、南京、武汉、重庆等商业中心城市连接起来，成为沟通东西部商业贸易往来的纽带。第三，长江沿江地带是东部沿海产业向中西部推进的通道，对于推动产业转移、优化区域产业结构具有重要意义。第四，长江沿江地带是东部沿海发达地技术、信息向中西部落后地区传递、转移、辐射的通道和桥梁。第五，长江沿江地带还具有南北辐射作用。沿江有嘉陵江、汉江、赣江等众多支流，有重庆、武汉、九江、南京、上海交汇的南北铁路干线，加之其他交通运输方式构成的发达运输网络，便于本区经济、技术优势向南北辐射。第六，本区东接太平洋沿岸，使其兼有沿江和沿海的双重地缘优势，连接国内外两个市场。它是我国对外开放和吸引外资的门户和前沿阵地，便于参与国际市场和国际经济大循环，又可通过交通运输网络联结国内其他地区和市场。

概括来说，长江沿江地带今后的发展目标就是充分发挥其纽带作用，一方面向南北辐射，使我国南北经济成为一体；另一方面，实现东西结合、优势互补，促进内陆开发和全国经济增长；最后还要在连接国内、国际市场上做好文章。

● 知识链接 ⊘

长江沿江地带以"黄金水道"——长江以及其他河流为生命线。

以长江为横轴连接的沿海地区、西部地区构成了"H"形的经济格局，使长江沿江地带成为承东启西的纽带和桥梁。长江是沟通西部经济相对落后地区和沿海经济发达地区的纽带，而长江沿江地带又是沟通沿海经济发达地区与西部资源富集区的纽带。

在优越的区位条件、自然条件和社会经济条件的基础上，本区自解放以来经济发展更加迅速。特别重要的是，1979年以来，改革开放和沿海战略的实施，给本区带来新的机遇。不但江苏省、浙江省经济迅猛发展，湖北省、安徽省经济发展的速度也超过了全国平均水平。进入20世纪90年代，以上海浦东开发和三峡水电站这一跨世纪工程的建设为动力，推动本区经济实现新的腾飞，也使得本区在全国经济区域格局中的地位得到了进一步提高。

长江沿江地带也是我国高度发达的综合性工业地带。长久以来，本区逐渐形成了四大特色鲜明、地位突出的工业基地。自东向西排列分别是：沪宁杭工业区，以武汉为中心的钢铁、轻纺工业基地，以宜昌、重庆为中心的电力、冶金工业基地，以攀枝花、六盘水为中心的钢铁、煤炭工业基地。近年来，本区高新技术产业发展迅速，已成为我国最具活力的高新技术产业区之一。正因为如此，我们才说本区工业基础雄厚、工业实力较强。

以三峡水电站为代表的电力工业

长江可供开发的水能总量达2亿千瓦，是中国水能蕴藏量最丰富的河流。其主要水能资源集中在我国第一阶梯和第二阶梯、第二阶梯与第三阶梯的交界处，因为这里地势陡然下降，地形起伏较大，导致河流落差较大（达6000米）、水流湍急，从而蕴含着丰富的水能。千百年来，长江丰富的水能资源一直在白白地流淌。大规模开发长江的水能资源也只是近几十年来的事。现在长江流域的水电站，除了干流上已经建成的葛洲坝水利枢纽工程和三峡工程之外，其支流上还有大型（装机容量25万千瓦以上）和中型（2.5万千瓦～25万千瓦之间）水电站近百座，长江支流大多流经山地丘陵地区，地形复杂、人口密度不大，加之山高谷深，具有修建水电站的有利条件。

本书主要为大家介绍三峡水电站，作为本区水电站的代表，它的建成具有极大的社会、经济和环境效应，而三峡和众多水电站一同支撑起了本区电力工业的基础。

三峡水电站，又称三峡工程或三峡大坝，位于重庆市到湖北省宜昌市之间的长江干流上。大坝坝址位于宜昌市上游不远处的（西陵峡内的秭归县）三斗坪境内，库区在重庆市境内，并和下游的葛洲坝水电站构成梯级电站。它是世界上规模最大的水电站，也是中国有史以来建设的最大型的工程项目。三峡水电站于1992年获得全国人民代表大会的批准，1994年正式动工兴建。水电站大坝高度185米，蓄水高度175米，水库长600余千米，安装32台单机容量为70万千瓦的水电机组，建成后将成为全世界最大的水力发电站。

三峡水电站建成后，将在以下几方面起到积极的作用：

◆防洪。洪涝灾害历来是中华民族的心腹大患。在长江防洪体系中，三峡工程的战略地位和作用极为重要。"万里长江，险在荆江"。荆江流经的江汉平原和洞庭湖平原，沃野千里，是粮库、棉山、油海、鱼米之乡，是长江流域最为富饶的地区之一，属国家重要商品粮棉和水产品基地。荆江防洪问题，是当前长江中下游防洪中最严重和最突出的问题。三峡水库正常蓄水位175米，有效防洪库容221.5亿立方米，对荆江的防洪提供了有效的保障，对长江中下游地区也具有巨大的防洪作用

◆发电。三峡水电站装机总容量为1 820万千瓦，年均发电量847亿千瓦时，将产生巨大的电力效益。三峡水电站发出的电力，主要供电地区为华中电网（湖北、河南、湖南）、华东电网（上海、江苏、浙江、安徽）、广东和重庆。三峡水电站将引出15条50万瓦超高压线路，分别向北、东、南三个方向接入华中、华东电网，至广东建直流输电工程，这极大地支持了华中、华东和广东地区的发展，也有利于全国电力联网。与此同时，三峡水电站还能创造可观的经济效益，增值效应显著。而且清洁、无污染、可再生的水电资源改善了用电地区能源利用结构，能有效缓解火力发电厂产生的大量二氧化碳和建设污染物排放，最终为这些地区环境质量的改善作出贡献。

◆航运。三峡工程兴建后，万吨级船队可以直达重庆，长江年通航能力从现在的1 000万吨提高到5 000万吨，航运成本降低35%～37%，年保证

率为 50％以上；还将促进船型、船队向标准化、大型化方向发展；并为系统地进行库区港口、航道建设和航标管理创造了有利条件。

另外，三峡工程还将在防淤、旅游、灌溉、供水、养殖等诸多方面发挥积极的效应，兹不一一赘述。但是，围绕三峡工程兴建的前前后后，也存在着许多争议，这里也简单给读者朋友们介绍一下。

◆移民问题。移民是三峡工程最大的难点，在工程总投资中，用于移民安置的经费占到了 45％。当三峡蓄水完成后，将会淹没 129 座城镇，其中包括万州、涪陵等两座中等城市和十多座小城市，会产生 113 万移民，这在世界工程史上是绝无仅有的。并且，如果库尾水位超出预计高度，还会再增加新的移民数量。移民的安置原先主要通过就地后靠或者就近搬迁来解决，但后来发现，水库淹没了大量耕地，从而导致整个库区人多地少，生态环境趋于恶化，于是对农村人口又增加了一种移民方式，就是由政府安排，举家外迁至其他省居住，目前已经有大约 14 万名库区居民迁到了上海、江苏、浙江、安徽、福建、江西、山东、湖北（库区外）、湖南、广东、重庆（库区外）、四川等省市生活。这将给搬迁地固有的人地资源配置、社会治安等带来新的变化甚至产生诸多不便，所以必须要通盘考虑。

◆泥沙淤积和水位问题。据测算，长江上游江水每立方米含沙 1.2 千克左右，每年通过坝址的沙量在 5 亿吨以上。在三峡工程未建前，这些泥沙大量淤积在曲折的荆江河段，抬高了河床水位，并危胁到整个江汉平原和洞庭湖平原的安危。当三峡水库形成后，受水势变缓和库尾地区回水影响，泥沙必然会在水库内尤其是大坝和库尾（回水的影响）处淤积。与泥沙淤积问题同样极具争议的，还有水位问题。在三峡蓄水至 135 米后，有人发现从大坝到库尾之间的水位落差多达 34.7 米，远远超过了工程论证报告认为的 0.4 米，因此担忧重庆可能会在三峡完全蓄水后被淹没。

◆对生态环境的影响和争议。三峡工程对环境和生态的影响非常广，其中对库区的影响最直接和显著，对长江流域也存在重大影响，甚至还有人认为三峡工程将会使得全球的气候和海洋环境发生重大变化。这些争议具体都表现在：三峡水库库容极大，将对库底地质产生强大的压力作用，因此可能会增加库区地震的频率；由于大坝阻隔，某些洄游性鱼类无法越过大坝正常繁衍后代，它们的生活习性和遗传基因等会发生变异；三峡工程完全蓄水后将淹没560多种陆生珍稀植物，使之遭受灭顶之灾；三峡工程蓄水后，水域面积扩大，水的蒸发量会上升，因此会造成库区附近地区日夜温差变小，改变库区原有的气候环境；由于水势和含沙量的变化，三峡工程还可能改变下游河段的河水流向和冲积程度，甚至可能会对东海产生一些影响，并进而改变全球的环境。

◆对风景名胜和文物古迹的影响。长江三峡是中国著名的风景名胜区，它起自重庆奉节县白帝城，蜿蜒约200千米至湖北宜昌南津关，由瞿塘峡、巫峡和西陵峡组成，沿途地形险峻，山川秀丽，古迹众多。三峡工程建成后，人们将告别"三峡游"。还有，三峡工程周边在古代曾经是巴蜀文化和楚文化的交汇地，水库淹没区已探明的文物点就有1 200多个。虽然事先进行了一些抢救性发掘和转移（如重庆市云阳县的张飞庙），但还是有一些文物古迹——例如白鹤梁题刻（位于重庆市涪陵区城北长江江面上）、夔州古城（奉节县城）——将永久地被埋藏于水下。

◆政治和国防安全问题。也有人在担心，巨大的三峡会成为敌对国家或恐怖组织的袭击目标，而一旦成为现实，中下游人民的生命财产将遭受巨大的损失，也将影响到国家安全。

任何一个事物总有其两面性，三峡亦如此，它是一把双刃剑。但是我们在看待此类问题的时候，有一个基本的原则是不能改变的，那就是但凡能够造福于人民、为人民谋利益、给人民带来福祉的事物，我们总是要支持的。尽管困难和争议一直存在，我们也要尽最大努力克服危机战胜困难并且化害为利，使之成为全人类的福音。总之，三峡水电站的建成将为本区电力工业和全区经济发展乃至国家经济发展带来积极的、正面的影响。

铁路系——陇海－兰新沿线工业地带

● 知识链接 ✓

陇海——兰新沿线工业（经济）地带西起新疆维吾尔自治区的阿拉山口，东至江苏省连云港市，主要指沿着"第二欧亚大陆桥"在我国境内的支线——陇海——兰新铁路线及其100千米～150千米范围延伸的地带，在地理空间上呈现出明显的条带状分布。自西向东该工业地带主要包括的省级行政区有：新疆维吾尔自治区、甘肃省、陕西省、河南省、江苏省等，还将辐射影响周边的青海省、内蒙古自治区、宁夏回族自治区、山西省等。鉴于西部大开发战略的提出和实施，现在也有一种说法就是把陇海——兰新沿线经济地带分为西陇海——兰新经济带和东陇海——兰新经济带。该地带也是依托"大陆桥"——即铁路线（交通线）发展起来的工业地带。

区域发展的自然条件

对待不同的工业地带，应该有不同的眼光。如果和前文所述的长江沿岸工业地带相比的话，二者之间既有共同点也有不同点。共同点表现在二者都是依托交通线发展起来的，而不同点则主要是发展条件上的天壤之别。话题自此展开，这里要说的就是本区发展上自然条件的优劣。

由于本区东西跨度较大，且受距离远近不同影响，在气候上本区东西差异较大。自西向东逐渐由温带大陆性气候过渡到温带季风气候，与气候密切相关的是降水量自西向东增多；干湿地区由干旱地区→干旱半干旱地区→半干旱半湿润地区→湿润地区；地表植被景观由荒漠→荒漠草原→草原→森林。正是"江苏人看不到大山，也看不到高原、雪山的景色。西部不靠海，那里的人也渴望领略海滨风光"。这使得本区东西部工业发展上尤其在需水工业发展上存在较大差异。

本区的另一优势自然条件体现在其具有丰富的自然资源上。首先要提到的是区域内流经的黄河，由于黄河九曲回转，流经地区地形跨度很大，蕴藏着丰富的水能资源，许多地区建立了水电站和水利枢纽工程，使得本区电力资源（能源资源）丰富。

其次，本区蕴含着极为丰富的矿产资源，特别是西部省区有许多"沉睡的资源"有待开发。晋陕蒙（西）供煤地带（"三西"地区）煤炭探明保有储量 5 501 亿多吨，占全国煤炭探明保有储量的 55%，是我国最大的产煤和供煤区，我国 13 个大型煤炭生产基地中，晋北、晋中、晋东、神东、陕北、黄陇和宁东等 7 个在"三西"地区。新疆维吾尔自治区煤炭资源也相当丰富，是我国煤炭后备区；本区石油、天然气资源也相当富足；此外本区还有丰富的有色金属和稀有金属资源，例如甘肃金昌的镍矿、内蒙古白云鄂博的稀土矿等。

往往蕴含石油资源的地区，也分布有丰富的天然气资源。我国西部地区的塔里木、柴达木、陕甘宁和四川盆地蕴藏着 26 万亿立方米的天然气资源，约占全国陆上天然气资源的 87%。特别是新疆塔里木盆地，天然气资源量有 8 万多亿立方米，占全国天然气资源总量的 22%。塔里木北部的库车地区的天然气资源量有 2 万多亿立方米，是塔里木盆地中天然气资源最富集的地区，具有形成世界级大气区的开发潜力。塔里木盆地天然气的发现，使我国成为继俄罗斯、卡塔尔、沙特阿拉伯等国之后的天然气大国。在本区，新疆的塔里木盆地、陕西延庆盆地等都是大型的天然气资源储存地。众所周知，本区也是有着"拉开西部大开发序幕的标志性建设工程"之称的——西气东输（一期）工程的线路贯穿地。

在看待本区经济和工业发展的条件时，我们往往抓住的是最主要的优势因素。在自然条件方面，我们看到的是丰富的资源。但是我们绝不能一叶以障目，那些限制和制约区域发展的因素也要关注。本区西部地区由于气候影响，干旱缺水，生态环境极度脆弱，这就给当地工业建设提出了新的难题。在今天，我国提出科学发展观，实际上就是可持续发展观在我国的具体体现，这要求地方务必坚持"人地和谐"地建设环境友好型社会。不仅自然条件上我们这样考虑，即使在将要介绍的社会经济条件上我们还要坚持同样的标准。

▓ 区域发展的社会经济条件

本区地跨东西，范围辽阔，而在区域内各地区发展上却存在较大差异——西部历来属于我国边远、落后地区，东部则是我国经济发达的地区之一。如果从历史上来看，人类活动的强弱和开发时间的早晚无疑会影响今天东、西部的发展程度和水平。换言之，历史基础也成为现实工业发展的推动或制约，在陇海—兰新工业地带乃至整个区域，这一点表现的很明显。

西部地区自然资源丰富，市场潜力大，战略位置重要。但由于自然、历史、社会等原因，西部地区经济发展相对落后，人均国内生产总值仅相当于全国平均水平的三分之二，不到东部地区平均水平的40%，迫切需要加快改革开放和现代化建设步伐。于是国家在2000年提出并实施了西部大开发战略。这是国家政策对本区域发展的支持和倾斜，也给区域的明天和未来带来了动力，成为推动本区发展的最大有利政策因素。

第二个推动本区发展的优势社会经济条件是交通运输。交通线是本区发展的生命线，这里的交通线就是陇海—兰新线，本区的发展就是依托于此的。作为我国东西跨度最长的铁路干线，它沟通了东西地区的联系，方便了生产和交换，也促进了文化的融合，对于本区社会、经济发展具有极大的意义。这里向读者详细介绍一下欧亚大陆桥的知识。

国际上通称的"大陆桥"，是指连接两个海洋之间的陆上通道，是横贯大陆的、以铁路为骨干的、避开海上绕道运输的便捷运输大通道。它的主要功能是便于开展海陆联运，缩短运输里程。当今世界有两大欧亚大陆桥，而且我国正在酝酿建设第三条欧亚大陆桥。

◆第一条　欧亚大陆桥：是指贯通亚洲北部，以俄罗斯东部的哈巴罗夫斯克（伯力）和符拉迪沃斯托克（海参崴）为起点，通过世界上最长铁路——西伯利亚大铁路（莫斯科至符拉迪沃斯托克，全长9 332千米），通向欧洲各国最后到达荷兰的鹿特丹港，也称西伯利亚大陆桥，整个大陆桥共经过俄罗斯、中国、哈萨克斯坦、白俄罗斯、波兰、德国、荷兰7个国家，全长13 000千米左右。

◆第二条　欧亚大陆桥：是指1990年9月与哈萨克斯坦铁路接轨的经我

国兰新（甘肃兰州—新疆乌鲁木齐—阿拉山口）—陇海（甘肃兰州—江苏连云港）铁路的新欧亚大陆桥，由于所经路线很大一部分是经原"丝绸之路"，所以人们又称其为"现代丝绸之路"，它是目前亚欧大陆东西向最为便捷的联系通道。新欧亚大陆桥是相对旧欧亚大陆桥而言的，新欧亚大陆桥东起我国黄海之滨的连云港，向西经陇海—兰新线的徐州、武威、哈密、吐鲁番到乌鲁木齐，再向西经北疆铁路到达我国边境的阿拉山口，进入哈萨克斯坦，再经俄罗斯、白俄罗斯、波兰、德国，西止荷兰的世界第一大港鹿特丹港。

第二欧亚大陆桥跨越欧亚两大洲，联结了太平洋西岸和大西洋东岸，全长约 10 800 千米，联系了中国、中亚、西亚、东欧和西欧 30 多个国家和地区，是世界上最长的一条大陆桥。相对于旧欧亚大陆桥的仅沟通俄罗斯国内东西向的主要作用而言，新亚欧大陆桥的贯通不仅便利了我国东西交通与国外的联系，更重要的是对我国的经济发展产生了巨大的影响，而且它的建成更具有世界意义——联系更便捷，影响范围更广。

◆第三条 欧亚大陆桥：地处中国南部，到 2015 年，第三欧亚大陆桥云南境内陆路骨架网络将全面完成。目前处于方案比较研究中的第三欧亚大陆桥始于以深圳港为代表的广东沿海港口群，由昆明经缅甸、孟加拉国、印度、巴基斯坦、伊朗，从土耳其进入欧洲，最终抵达荷兰鹿特丹港，横贯亚欧 21 个国家（含非洲支线 4 个国家：叙利亚、黎巴嫩、以色列和埃及），全长约 15 157 千米，大陆桥建成后将使目前经东南沿海通过马六甲海峡进入印度洋行程缩短 3 000 至 6 000 千米左右，预计该线路所经的地区年贸易总额近 3 000 亿美元。同时，第三欧亚大陆桥通过 AMBDC 机制（东盟—湄公河流域开发合作机制）下的泛亚铁路西线，把亚洲南部和东南部联接起来，使整个亚洲从东到西、从南到北的广大地区第一次通过铁路网完整地联系起来，成为我国继北部、中部之后，由南部沟通东亚、东南亚、南亚、中亚、西亚以及欧洲、非洲的又一最便捷和安全的陆路国际大通道。

国家政策（西部大开发）推动以及新欧亚大陆桥带来的便捷交通联系成为本区经济和工业发展的两大优势社会经济条件。鉴于本区许多地区处于西部大开发的范围内，如何借这股东风不断发展完善自己将成为今后本区发展的重中之重。

主要工业基地

陇海—兰新沿线工业地带主要包括徐州煤炭工业基地、郑州轻纺工业基地、洛阳机械工业基地、西安飞机制造工业基地、兰州石化工业基地、新疆石化工业基地等。

◆徐州煤炭工业基地：徐州作为煤炭资源型城市，已有126年的煤炭开采历史，是全国基础能源供应基地之一，为江苏省乃至华东地区、全国经济社会发展作出了历史性重要贡献。近几年来，徐州针对煤炭资源已进入枯竭期的现状，坚持不懈地推进产业调整和资源型城市转型工作，按照"依托资源起步、甩开资源发展"的思路，努力走好由煤炭生产到电力工业、由电力工业到原材料工业、由原材料工业到现代制造业的工业化三步曲。

◆郑州轻纺工业基地：按照规划，郑州纺织工业基地将以建设全国纺织产业高地为目标，全力打造产业高度积聚、产品紧密关联的产业集群，最终建成能体现郑州纺织工业实力和水平、全省规模最大、专业化程度最高、公共运行成本最低、软硬件环境最优，行业领先的环保、科技型纺织工业基地。

◆洛阳机械工业基地：目前洛阳市大力整合工业优势，调整工业内部结构，逐步形成了先进机械制造业、火电生产、铝工业、石化工业四大工业基地。未来洛阳将重点发展五大新材料产业，即晶体硅半导体材料及太阳能光电产业，钼钨钛、新型耐火材料、铝镁板带、电子铜基材料等新型功能材料产业，电子玻璃、等离子玻璃基板等新型显示材料产业，聚氨酯等新型化工产业，超硬材料及制品产业。

◆西安飞机制造工业基地：西安具有明显的飞机制造业优势，主要体现在生产制造方面——形成了以西安飞机工业（集团）公司和陕西飞机工业（集团）公司两大整机生产企业为龙头的航空产业集群，综合实力居全国第一；科研方面——独立科研所5所，航空大专院校7所，拥有大中型军民用飞机设计、试验、试飞研究院所及无人机研发中心，有5个国防区域计量站、5个国家重点实验室、11个国防科技重点实验室和12个国家及省级企业技术中心；人才培养方面——西北工业大学、西安交通大学、西安电子科技大学将承担更多的责任。

◆兰州石化工业基地：兰州由于在我国西北部地区有着石化工业明显的区位优势、技术优势和人才优势，现在已经正式成为国家级石化工业基地，这对兰州建设"科技兰州"、"创新型兰州"构筑区域相关产业集群具有重要意义。

◆新疆石化工业基地：据中国矿业网消息，随着西部大开发战略的推进，新疆正依托石油、天然气产量居全国第三、第一的优势，着力延伸油气加工产业链条，大力发展大乙烯、大芳烃、大化肥等石油天然气下游产品，并进一步以五个大型石化工业园为主要着力点进行四大石化工业基地的辐射渗透，尽快建成为我国重要的石化产业集群。

知识链接 ⊘

在我国继续推进西部大开发战略的政策激励下，本区未来发展将充分利用好自身西部为连接国外的"窗口"和西部大开发"桥头堡"，以及东部为陆桥出海口的地缘优势，依托第二欧亚大陆桥的核心辐射带作用，建设发展沿线周边外围地带。同时进一步开阔区域发展的思路，超越行政区划的限制，跨省市联合开发，建立区域经济发展协调机制，实现区域合作共赢和腹地经济发展的互动。

较之东部等发达地区，本区西部还属于相对落后的地区。在西部大开发政策的引导下，具体而言应该从下几个方面加强工作：第一，加快基础设施建设。重点放在交通、通信、水利等基础建设上面。第二，切实加强生态环境保护和建设。这是本区相当重要和紧迫的任务。要加大天然林保护工程实施力度，同时采取"退耕还林（草）、封山绿化、以粮代赈、个体承包"的政策措施，有计划、分步骤地退耕还林还草。第三，积极调整产业结构。既不能搞重复建设，也不能放任落后和衰退型产业不管。第四，发展科技和教育，加快人才培养。第五，加大改革开放力度。

海洋系——东部沿海工业地带

知识链接 ✓

　　相对于前两个工业地带而言，东部沿海工业地带呈南北向延伸态势。自北向南主要包括位于中国东部沿海的辽宁、河北、北京、天津、山东、江苏、上海、浙江、福建、广东、广西、海南等12个省、直辖市和自治区（不包括台湾省），其中包括我国改革开放以来形成的五大经济特区（深圳、珠海、厦门、汕头、海南）和14个沿海开放城市（大连、秦皇岛、天津、烟台、青岛、连云港、南通、上海、宁波、温州、福州、广州、湛江、北海14个沿海港口城市）。面积占全国13.6%，人口占全国42%。

区域发展自然条件优劣

　　临海的优越地理位置。本区发展的最主要依赖基础是其临近海洋的特殊地理位置优势，我国东部濒临西太平洋，自北向南依次分为渤海、黄海、东海和南海。二十一世纪是海洋文明世纪，海洋对一个国家来说意义是深远的。而对本区来说，海洋不但提供了丰富的海洋资源（指形成和存在于海水或海洋中的有关资源。包括海水中生存的生物，溶解于海水中的化学元素，海水波浪、潮汐及海流所产生的能量、贮存的热量，滨海、大陆架及深海海底所蕴藏的矿产资源，以及海水所形成的压力差、浓度差等。广义的还包括海洋提供给人们生产、生活和娱乐的一切空间和设施）、拓宽了对外交通联系渠道，还促进了海洋相关产业和海洋技术的开发，成为本区发展依赖的生命线。

　　气候条件南北迥异，降水南多北少。本区气候类型自南向北依次为热带季风气候、亚热带季风气候和温带季风气候，虽然都属季风性气候，但是由于形成原因和纬度分布的差异，本区在热量上由北向南递增，使得区域内南北农业发展上存在较大差异；在降水量上北少南多，尤其是北方地区缺水给相关需水型工业制造了"瓶颈"。

地形平坦，以平原、丘陵为主。在地势上，本区位于我国第三级阶梯。从地形分布来看，主要以平原和丘陵为主，地表起伏较小，地形平坦，这就为利用空间发展工业等提供了便利条件。

能源和原材料不足。本区东北、华北地区拥有丰富的煤炭和石油资源分布，南方地区也是许多有色金属矿产的蕴藏地，但是由于本区工业、经济发展需求量大，加上部分地区本身资源有限，使得现有资源不能完全满足本区发展需要，尤其是能源资源和原材料特别缺乏。区域发展的过程中，就不得不从外部地区调入大量资源以解决供需矛盾，弥补缺口和不足，例如"西气东输"工程就是为了缓解本区能源供应紧张的问题。这也成为本区工业发展的又一个"瓶颈"和掣肘。

土地资源与人口、城市化之间的矛盾突出。本区人口较多，分布极为密集，加上长期以来城市化进程的不断推进，交通建设和工业用地的大量增加，导致土地资源的供需结构性矛盾进一步突出，成为发展中不可忽视的因素。

综合而言，本区发展所依赖的突出自然条件优势体现在临海的地理位置上，也正因为临海，才有了下面一系列社会经济条件的形成、演化，而对于自然条件中存在的"瓶颈"亦不可置之不理。

区域发展社会经济条件优劣

历史基础较好。东部地区历来是我国人口分布、经济发展的重心之一，开发历史悠久发展水平很高。尤其在近代中国，由于饱受西方列强的侵略，清政府被迫打开国门，东部沿海成为列强进入中国的通道和门户，一定程度上也使得这里工业最早发展；即使在国民党统治时期，这里仍然是我国工业最发达的地区，这些都为今天打下了一定的基础。

农业基础较好。本区适宜农业生产的自然条件较为优越，加之历史上我国是一个传统农业国家，这里农业生产水平很高，基础较好。目前，我国重要的一些农业基地——黄淮海平原的大部分、长江三角洲、珠江三角洲都分布在这一带，而且农业生产的技术化程度、集约程度以及商品性程度都很高。农业的发展也就更好地为工业发展提供所需的原料，更能推动与农产品相关工业的发展。

基础设施比较完备。基础设施也就是我们常说的区域发展的"硬件"，没有好的基础设施对发展来说简直寸步难行。长期的发展以及改革开放后国家政策的推动，让本区工业、农业、交通运输、通讯等方面的基础设施越来越完备，为工业的强大铺垫了很好的基础。

科技水平较高，人才基础雄厚。本区拥有众多的国内一流名牌大学、科研机构和大中专院校，科技人才、大中专院校毕业生以及职业技术人才拥有量在全国名列前茅，具有极强的人才资源储备优势。此外在北京、上海、广州、深圳等地还形成了许多国内著名的高新技术产业园区，科研网络密集，科研水平很高。强大的科学技术实力和人才优势，形成了教育—科研—创新一体化模式，推动和促进了本区工业强劲发展，科技因素日益成为强大的动力源泉。在下面的中国教育科研资源网络分布图中，可以明显看出中国东、中、西部教育、科研资源的地域分布差异以及本区具备的优势。

本区城市化水平较高，消费水平高，市场需求量大。一系列区位上的优势，使得东部地区较之我国中西部地区率先开始城市化进程，经过长期的演进，本区城市化水平位居全国之首，2001 年东部沿海地区城市化水平就超过了 40%，这大大高于全国平均城市化水平（约 35% 左右）。其次，本区每年创造的 GDP 居全国之首，人均收入水平也相当的高。这就使得本区不但拥有发展工业的强大资本来源，还为工业生产创造了极大的市场需求空间。

改革开放政策的推动。1979 年国家实行改革开放政策，本区借此东风实现率先崛起的时机到来了，这里涵盖了国家设立的 5 大经济特区和 14 个沿海开放城市，成为我国对外开放当仁不让的"窗口"。对外开放的实施，使得原本这里靠近港澳台、对外联系便捷的优势日渐显现，可以更好地吸引外资、技术、人才、市场信息和先进的管理经验，为本区工业、经济的跨越式发展起到了巨大的推动作用。

交通运输方式多样，运网密集，对外联系十分便捷。交通运输是国民经济发展的"先行官"。地形、临海和开发较早等优势促进了本区交通运输的不断完善，形成了公路、铁路、航空、内河航运（长江、京杭大运河、珠江等）、海运、管道等多种运输方式，而且各种运输方式实现了联运和整合的网络状，业已成为我国交通运输网络最密集、最发达的地区。便利、快捷、多样的交通运输,使得本区对外联系方便,贸易往来频繁,大量的人流、物流、资金流、信息流和技术流在此交汇、流转,为本区发展创造了极其有利的条件。

综合交通运输网是由彼此协作、相互补充与紧密配合的各种运输方式的交通线路、港站和枢纽共同组成,并以交通线路为连接线,交通港站与枢纽为连接点,可进行直达运输和联合运输的交通运输网络。具有一定的组合结构与等级层次,是交通运输生产力在地域上组合的具体体现。据有关研究得出:我国综合交通运输网的总体分布,特征十分明显,大致以黑龙江省的呼玛至云南省的腾冲一线为界,在该线的西北半部,国土面积占全国的54%左右,但交通线路长度仅约占全国交通线路总长度的14%。与此相反,在该线东南半部,国土面积占全国的46%,而交通线长度却占到全国交通线总长度的86%左右,即东南半部的交通线密度远大于西北半部。因此我国综合交通网密度分布的总趋势特征是:越往东南越密集,愈往西北愈稀疏,而且由东南到西北呈明显的层次变化。

在本区的内河航运中,京杭大运河的地位尤其特殊,作为隋代开发的运河,今天仍旧发挥着重要作用。

环境污染问题不容忽视。虽然本区经济发达、工业实力雄厚,但是在长期的发展过程中,一些人口、城镇密集地区出现了环境污染问题。另外据北京工商大学世界经济研究中心2008年7月28日发布的《中国300个省市绿色GDP指数报告》显示,成都、重庆的工业废水和工业烟尘排放排在首位,这表明中国东部的环境污染已经向中西部地区转移。本区在工业发展和产业转移过程中就更应注意要采取措施预防和治理污染,杜绝污染转移现象的发生。

主要工业基地

东部沿海工业地带集中了中国的主要工业基地(工业地区),形成了自北向南连续分布的工业地带。其中主要有:以上海为中心的沪宁杭工业区,以京津唐为中心的工业区,以沈阳、大连为中心的辽中南工业区,以济南为中心的山东半岛工业区,闽江三角洲工业区,以广州为中心的珠江三角洲工业区,以及新崛起的几个经济特区等。这其中包含着中国最主要的四大工业基地——沪宁杭、京津唐、辽中南和珠三角工业基地。考虑到本书结构,这四大工业基地将在下一部分加以详细介绍，在这里主要侧重介绍山东半岛工业区、闽江三角洲工业区。此外对于本区正在构建中的一些新的经济区、工业区也将一一展现给读者，比如天津滨海新区、黄河三角洲高效生态经济区。

◆山东半岛工业区。山东半岛区位优势强，产业基础好，经济外向度高，发展潜力大，在山东省经济社会发展全局中具有重要战略地位和带动作用。党的十七大提出，发展海洋产业，构筑现代产业体系。这是山东半岛工业区新的发展方向。以打造蓝色经济区为契机，充分发挥、整合全省综合优势，是增强山东省对中西部地区的辐射带动作用的必然选择，也是适应国内外发展新形势，抢占经济发展制高点，提升山东省国际竞争力的重要战略举措之一。

◆闽江三角洲工业区。又称闽南金三角、闽三角，它的范围包括中国福建省南部沿海的厦门、泉州和漳州三个设区市及所辖县区。人口1 400余万人，但经济生产量占福建的四成，是中国改革开放后经济较发达的地区之一。同时作为闽南金三角的三个地区的方言都是闽南语。虽然闽南金三角的经济实力和珠三角、长三角等经济发达区域无法相较，但是闽南金三角因为独特的地理位置、语言环境和风俗习惯，吸引了大量台商的投资，是大陆台商投资最密集的区域。作为闽南金三角的中心城市厦门市，代表着闽南金三角最发达的金融、经济、旅游环境；而作为闽南金三角重要经济点泉州市，强大的工业实力独占福建龙头位置，也是闽南金三角历史文化之城；漳州市独特的地理环境，孕育着富饶一方的漳州人，强大的农业经济和原生态环境，引领着闽南金三角的强大潜力。

◆天津滨海新区。地处于华北平原北部，位于山东半岛与辽东半岛交汇点上、海河流域下游、天津市中心区的东面，渤海湾顶端，濒临渤海，北与河北省丰南县为邻，南与河北省黄骅市为界，地理坐标为北纬38°40′至39°00′，东经117°20′至118°00′。滨海新区拥有海岸线153千米，陆域面积2 270平方千米，海域面积3 000平方千米。

◆滨海新区紧紧依托北京、天津两大直辖市，拥有中国最大的人工港、最具潜力的消费市场和最完善的城市配套设施。2008年常住人口202万人，以新区为中心，方圆500千米范围内还分布着11座100万人口以上的大城市。对外，滨海新区雄踞环渤海经济圈的核心位置，与日本和朝鲜半岛隔海相望，直接面向东北亚和迅速崛起的亚太经济圈，置身于世界经济之中，拥有无限的发展机遇。

滨海新区自然资源丰富，这里有大量开发成本低廉的荒地和滩涂，具有丰富的石油、天然气、原盐、海洋资源等，同时拥有雄厚的工业基础，是国内外公认的发展现代化工业的理想区域。

◆黄河三角洲经济区。本区位于渤海南部黄河入海口沿岸地区，包括山东省的东营、滨州和潍坊、德州、淄博、烟台市的部分地区，共涉及19个县(市、区)，总面积2.65万平方千米，占全省六分之一，总人口约985万人。该区域土地资源优势突出，地理区位条件优越，自然资源较为丰富，生态系统独具特色，产业发展基础较好，具有发展高效生态经济的良好条件。

● 知识链接 ✓

国务院于2009年11月23日正式批复《黄河三角洲高效生态经济区发展规划》，这标志着我国最后一个待开发的大河三角洲——黄河三角洲地区的发展上升为国家战略，成为国家区域协调发展战略的重要组成部分。加快发展黄河三角洲高效生态经济区，不仅关系到环渤海地区整体实力的提升和区域协调发展的全局，也关系到环渤海和黄河下游生态环境的保护。

区域发展方向

东部沿海地带经济发展的重点是加强传统工业和现有企业的技术改造，大力开拓新兴产业，发展知识技术密集型产业和高档消费品工业，使产品向高、精、尖方向发展。加快经济特区、沿海开放城市和经济开发区的建设，充分发挥外引内联和对外、对内两个辐射扇面的作用，使这一地带逐步成为中国对外贸易的基地、海洋开发的基地，培养向全国输送高级技术和管理人才的基地，向全国传送新技术、提供咨询和信息的基地。

同时，针对本区能源短缺、运力紧张、环境污染严重等发展中的不利因素和不足之处，则应当调整产业结构，优化产业布局，完善交通网络，加强与中部和西部地区的横向联系，大力发展第三产业和集约化的商品性、创汇型的农业生产，把长江三角洲、环渤海地区和珠江三角洲建设成为东亚环太平洋经济带（从世界经济大格局来看，东亚环太平洋沿岸经济带从北向南，由俄罗斯到日本、韩国、中国东部沿海地区，最终到新加坡，是当今世界上最具经济活力和发展潜力的区域）上的重要经济地域。

◆总结与思考

或许细心的读者已经注意到了，在本部分谈三大主要工业地带的过程中，编者都是由相应的中国区域经济地带切入的。回顾人类文明走过的历程，自人类由产业革命开始步入工业文明后，工业在一定程度上成为人类文明的主要推动力量。再看中国，新中国建立六十多年和改革开放三十多年这短短的时间，我们一直没有停止追赶世界上先进工业化国家的步伐，我们已经成为一个工业化国家。工业的发展见证着国家经济的进步与繁荣，也是使我国综合国力提高的一大动力源泉。基于这样的基础之上，谈工业又怎能撇开区域经济的总体状况呢？

另一方面，但凡我国一些主要的大的经济地带，都有其主导和支柱的产业，都和工业密不可分。也就是说，在解读一个经济地带发展的前前后后、风风雨雨时，实际上也就是在看这里的工业怎样风云变幻。工业和经济一直是也永远是相关联的。

而这也给我们提供了想象的空间，在中国经济不断腾飞、发展势头强劲的今天，上到中央政府决策层，下到地方，都在为下好全国经济发展这盘棋绞尽脑汁、苦思冥想。新的经济区、经济地带不断涌现，和原有的经济区经济地带一同组成了这盘棋的棋局。那么，如何因地因时制宜、扬长避短地使用好工业——这一棋局中的最重要棋子呢？时间会带来考验，也会带来答案。

三

别具一格——中国主要工业基地

我们耳熟能详的我国四大主要工业基地是指沪宁杭工业基地、京津唐工业基地、辽中南工业基地、珠三角工业基地。通过前面一个部分内容的了解，我们知道这四大工业基地全部位于我国东部沿海经济地带（工业地带）。在下面的内容里我们将主要了解这四大工业基地形成的基本条件，目前典型的发展特色以及最新的一些发展动向。作为我国工业发展的基本骨架，它们在区位条件、发展特色、发展方向等方面肯定具有异同点，也希望读者们带着归纳和比较的眼光去看待。有了这样一种思路，问题便会变得清晰、简单起来。

老牌劲旅——沪宁杭工业基地

沪宁杭是上海、南京、杭州及其附近地区的通称。沪宁杭工业基地大致位于长江三角洲和钱塘江下游一带，其范围大致包括上海全市、江苏省南京市以东，扬州市以南，主要是苏南地区、浙江省北部的杭（州）嘉（兴）湖（州）平原（位于中国浙江省北部，是浙江省最大的堆积平原，面积约7 620平方千米，属长江三角洲。地势低平，平均海拔3米左右。地面形成东、南高起而向西、北降低的以太湖为中心的浅碟形洼地。平原上水网稠密，河网密度平均12.7千米每平方千米，为中国之冠。平原表层沉积物以细颗粒泥沙为主，属河流湖泊堆积物，其南缘属潮滩相沉积物，土质粗而疏松，地面缺少湖泊、水系变稀，地形相对高亢。平原内这种地面高程、沉积物质地和水文状况的差异，对农业生产、水利设施及工程建设等方面有深刻影响）和宁（波）绍（兴）地区以及舟山群岛。其面积仅占全国的1%，人口占全国的6%。

● 知识链接 ✓

沪宁杭工业基地经济上以上海、南京、杭州组成"铁三角"，而上海又是经济发展的龙头和主要工业中心，具体还包括包括苏州、无锡、常州（通常称为"苏锡常"）、杭州、南京等工业中心在内，是我国规模最大、结构最完整、技术水平和效益最高的综合性大型工业基地。

自然条件评析

江海对接的地理位置优势。本区地处长江下游出海口处，东临东海（太平洋），属于江海连接口处，从地理位置上来看极为优越。

气候资源条件优良。本区位居亚热带地区，属于亚热带季风气候，加之深受海洋的影响，夏季雨热同期、高温多雨，冬季较为温暖、干燥少雨。热量充足、降水丰富为本区农业发展带来了极为便利的条件。

地形平坦、土壤肥沃。本区地处我国最大的平原——长江中下游平原，

▲长江中下游平原常州淹城

地势低平，地形平坦；加之长江冲积带来大量泥沙堆积，富含养分，形成的平原土壤肥沃。

河网密布，水源充足。由于气候和地形上的优势，本区河网密布，水源充足，可谓水陆条件俱佳。

但是本区地理位置和气候条件也造成了另一种局面——洪水和台风等气象灾害频发。长江流域每到夏季，降水集中，经本处入海的水量激增，加之这里地形低缓易受洪灾威胁。而台风主要在夏秋季节多发，西北太平洋是台风主要源地之一，中国南海海域台风相对集中，使得本区成为台风登陆中国大陆的前沿，台风多发时节本区经常遭受损失。因此，趋利避害、化害为利就成为人类利用自然条件的不二选择了。

其次本区工业发展中的一大制约因素就是能源、资源的大量缺乏。工业发达、经济水平较高固然是好，但是也必须以消耗大量能源、资源为前提。本区也有一定的矿产资源分布，比如煤炭分布在浙江长兴、铁矿分布在江苏梅山、安徽马鞍山，但这不能满足本区极大的需求。不得已而为之，为弥补缺陷唯有自外部调入或进口。例如，电力缺乏需从华北电网调入；西气东输也是为了解决本区能源紧缺的问题；而上海宝山钢铁公司的发展则主要依赖外部资源——煤炭来自江苏徐州、安徽的两淮煤矿，铁矿石一方面自国内的安徽马鞍山等地输入，另一方面主要进口自澳大利亚、巴西、印度等国。如何确保本区能源、资源有效、安全、大量调入，同时积极开发使用新能源解决一部分缺口，将是本区发展面临的头等大事。

社会经济条件评析

开发历史较早，工业发展基础较好。由于这里自然条件优越，土地肥沃，人口稠密，故而开发历史较长，是我国商品经济、近代工业和民族工业的摇篮。近代工业在本区的兴起和发展已有近 150 年的历史，并且它迄今还处于我国工业发展的领先地位，水平高，实力强，门类多，技术力量也最为雄厚。这是其他工业基地无法比拟的优势所在。

交通运输发达，对外联系便利。本区地处沿海中段和长江口，河湖纵横交错，扼江海交汇之要冲，位置极为优越，使得区域内河航运和海运条件极为便利。海上交通便利，有上海、金山卫、北仑港等出海港口；"黄金水道"长江横贯东西，芜湖、南京、镇江、南通、上海等都是港口城市；京杭大运河纵贯南北，联结扬州、镇江、常州、无锡、苏州、嘉兴、杭州。既可通过海运与东北、华北、华南的沿海地区乃至海外各国往来，又可通过内河航运沿长江上溯到皖赣、两湖、川黔等广大内陆腹地并与占全国 1/5 陆地面积、1/3 人口的长江流域内各省市相沟通。

区域内公路成网，铁路干线众多，京沪、宁沪（南

▲ 1931 年上海外滩的景象

京—上海）、沪杭（上海—杭州）、浙赣（浙江杭州—湖南株洲）、皖赣（安徽芜湖—贵溪）、宣杭（安徽宣城—浙江杭州）、萧甬（浙江杭州萧山—宁波）等多条铁路干线贯穿其中，内外交通十分方便。可通过铁路与中、西部地区的各省市相联系，并与其他区域的运输线构成交通运输网。尤其需要指出的是，在今天，为顺应经济发展形势，本区建设了多条高速公路，2008年开通了杭州湾跨海大桥，还着手修建城际间高速铁路，这些都标志着本区交通运输跨入了新的阶段。

此外，上海又是华东地区最大的交通枢纽和全国最重要的港口和航运中心。本区也是我国民用航空线较密集之处，其中，上海航空港就是我国国内与国际的最大民航基地之一。总之，长江三角洲地区无论是水上，陆上还是空中的交通，均四通八达，十分方便。这为该地区工业产品的大量输出，以及必要的工业原料、燃料与国外先进技术及设备的输入，都创造了相当优越的条件；这也是这里成为全国最发达的工业地区的原因之一。

经济腹地宽广。发达的交通运输网络，加强了本区域与其他地区的联系，扩大了本区的经济影响力，经济辐射带动范围也逐渐扩大。而那些受影响的区域也就成为本区发展的广阔腹地。在经济学上，腹地是指经济腹地，是一个与经济中心或中心城市相对应的概念，其内涵是经济中心的吸收和辐射能力能够达到并能促进其经济发展的地域范围。如果没有经济腹地，经济中心也就失去了赖以存在的基础，而没有经济腹地，也就无所谓经济中心。以上海为例，其狭域经济腹地是上海市域，而其广域经济腹地则是整个长江三角洲地区。经济

▲江苏苏州拙政园

腹地是产业链赖以形成的基础，二者唇齿相依。目前一个明显的例证就是安徽省正积极融入长三角地区，为本区发展带来了更为广阔的腹地。

市场需求广阔。本区发展条件极其优越，各项基础设施条件好，使得农业发展水平较高，农产品资源丰富；加上城市化速度快、水平高，人均收入水平和消费水平均居全国前列，都为本区发展提供了广阔的市场需求，成为拉动本区发展的强大动力。

人力和科技教育资源。同时本区还拥有丰富的劳动力资源，人口众多，而且劳动力素质较高，这有赖于本区教育事业的发展。而这也推动了科学技术实力的增强，推动了本区高新技术产业的发展。雄厚的科技力量和人才储备将成为本区最具主导作用的发展因素。

本区工业联系较好，轻工业、重工业都非常发达。轻工业、重工业比例为54:45，这为形成合理的产业结构打下了良好的基础。同时合理的产业结构也促进产业链的形成和完善，有利于本区工业发展空间的提升，也有利于带动广大经济腹地地区参与到本区的大发展中来，形成以点带面的良好发展格局，为促进区域乃至全国经济的繁荣发展作出贡献。

1979 年实施的改革开放政策也为本区今天的发展起到了巨大的激励和支持作用。自始至终本区的发展和政策机制是分不开的，在率先实现东部崛起的进程中本区获得了许多政策上的便利，也成为成功地区的典型而更加处于有利的地

▲ 1989 年 5 月，上海苏州河上的外白渡桥

位。即使在今天，本区也以其强大的经济实力和发展活力继续成为国家政策关注和继续扶持的对象，从而为发展带来利好。

人类社会自工业化以来的最大负面影响就是环境问题，纵使牺牲环境取得一时的发展，今后也要为环境污染、生态破坏付出惨重的代价。本区也未能幸免，区域环境质量令人堪忧，成为工业发展需要考虑的头等大事。发生在这里的比较典型的环境问题就是上海苏州河的污染治理和近年来太湖流域的蓝藻大爆发。

由此可见，如何实行合理的工业发展政策和措施，坚持科学发展观，建设生态型沪宁杭，避免走以牺牲环境为代价换取经济增长的传统工业老路是今后本区工业发展中面临的一大问题。

还有一个限制本区工业发展的社会经济因素就是土地资源问题。由于本区人口较多且分布密集，加上城市化用地、工业用地和交通建设用地大量增加等

原因，导致了这里土地资源日渐紧张，成为本区发展中不可避免的一个难题。想一想上海、南京、杭州等大城市的商品房价格和土地承包价格持续走高就可以理解为什么这里"寸土寸金"了。

▲江苏无锡，太湖，鼋头渚

本区工业发展水平和特色

沪宁杭工业基地的工农业生产水平均居全国领先地位，是我国经济实力最强的经济核心区。虽然其面积仅占全国的1%，人口占全国的6%，但它的工业生产总值占全国的约20%，在全国占据着举足轻重的地位。

在工业部门，传统工业部门和新兴工业部门兼具。它不但拥有纺织、化纤、电气、电子、机械、化学、黑色冶炼、交通运输设备制造、金属制品、食品、服装加工等多种工业部门，而且新兴的微电子与电子信息、精细化工、新材料、生物工程、机电一体化等高新技术产业已经具有一定基础和发展规模。

在工业产品中，有很多在全国同类产品总产量中占有很大比重，产值较高。这里有一组数据足以说明：本区的各种纺织产品、服装、化纤、日用机械、家用电器、日用化工产品、乙烯、塑料、烧碱、造船、纸张、文教用品、食品、中小型钢材、多种工业设备产量等均占全国重要地位；它同时也是全国高、精、尖的新技术产业产品基地，生产大量的现代化的电脑、光纤、半导体、生物工程等高新技术产业产品；这里每年都有大量工业产品远销国内外。

在工业发展上，本区工业分布比较均衡，除了拥有许多工业城市外，乡镇企业也得到蓬勃发展。本区乡、镇、村及村以下工业产值约占全国同一类型总数的40%，大部分县市的乡镇工业产值已超过整个工业的1/2，大多数县市的农村工农业产值中，工业已占90%以上，可见乡镇工业已成为农村经济的主要支柱。乡村工业化的发展，同时也促进了乡村城镇化的发展，各种人口规模不等的城镇等级齐全，使本区成为我国城镇化程度较高的地区之一。

从工业城市来看，本区工业城市众多，实力强劲，工业基础雄厚。上海是本区工业的龙头老大，也是整个长江三角洲地区经济的中心，本书将在后面着重另作介绍。而其他的工业城市实力也不容小觑，作为全国工业发展"领头羊"的沪宁杭工业基地中的一员，就让我一同领略一下他们各自的风采。

杭州市是浙江省省会，也是浙江省最大的工业城市，2008年末全市常住人口达796.6万人，是我国六大古都之一。美丽的湖光山色、众多的人文历史遗址、发达的工业是杭州的主要特色。杭州的工业门类较多，但又以纺织特别是丝、麻纺织工业最具特色。丝织工业闻名中外，麻纺织工业也是我国的重要中心。此外，造纸、机械、化工、钢铁等工业也具有相当大的规模。杭州经济发达，有"钱塘自古繁华"之称。

宁波，取自"海定则波宁"，简称"甬"。宁波市区人口220多万，宁波是长江三角洲南翼重要的经济中心城市和重化工业基地，是中国华东地区重要工业城市，是浙江省东部沿海最大的工业城市和工业中心。过去以纺织与食品工业为主体，近年来新建有大型石油炼制厂和大型火电站，机械与其他轻工业也有相当快的发展，现已成为比较综合性的，仅次于杭州的浙江第二大工业中心。宁波的外港——北仑港，港阔水深，是世界上通航条件最好的良港之一，这里建有我国最大的矿石转运码头，专为上海宝山钢铁总厂转运铁矿石。现在，宁波港正在大规模扩建，向国际性大海港迈进。

南京市是江苏省省会城市，有"六朝古都"之称，是中国著名的六大古都及历史文化名城之一。全市户籍人口625万人，常住人口758.89万人，市区户籍人口541.24万人。南京是中国重要的综合性工业生产基地之一，南京的电子、化工生产能力在国内城市中居第二位，车辆制造规模居第三位，机械制造业的技术、规模居国内领先地位，家用电器业、建材工业也都具有较大规模；也是全国四大科研教育中心城市之一，是全国重要的高教、科研基地，拥有一批国内一流的高校和科研机构；它还是华东地区重要的交通、通讯枢纽，目前已经建立了全方位、立体化、大运量的交通运输网络，铁路、公路、水运、空运、管道五种运输方式齐全，拥有现代化的通讯体系。南京的工业以电子信息、石油化工、汽车机械、生物制药、食品饮料、仪器仪表等产业占有重要地位。

无锡市，别名梁溪，简称锡，江苏省辖地级市。无锡是长江三角洲近年

崛起的工业城市，2008年末全市户籍人口为464.2万人。无锡是华东地区主要的交通枢纽，已形成由铁路、公路、水路、航空配套组成的立体交通网络。它也是中国著名的鱼米之乡，还因为景色优美成为中国优秀旅游城市之一。

这里近代工业兴起较早，历史上是我国民族资本较集中之地，是中国民族工业和乡镇工业的摇篮。然而早先无锡市只是一座纺织与面粉加工城市，在经济上与上海有着十分密切的联系。中华人民共和国成立后，机械、冶金、化工、电子和其他轻工业发展都很快。目前无锡的轻工业、重工业都很发达，原有的纺织工业又有了很大的发展，已成为棉、毛、丝、麻、绢、化六纺俱全、水平较高的全国主要纺织工业中心之一。其他工业门类也日渐增多，其中机械电子等工业在全国也占有一定的地位。

苏州市，江苏省地级市，古称吴，现简称苏，拥有姑苏、吴都、吴中、东吴、吴门和平江等多个古称和别称，是全国首批24个历史文化名城之一，全国重点风景旅游城市，也是4个全国重点环境保护城市之一。2009年全市户籍总人口达826万人，其中市区户籍人口238.21万人。

苏州市交通运输十分便利，拥有长江内河港口——苏州港以及四通八达的铁路和公路交通网与全国各大城市相连。近代工业兴起也比较早，是我国的丝绸古都。城市化水平较高，成为环太湖都市圈和苏锡常都市圈的核心都市，是仅次于上海的全国第二大工业城市和华东地区第二大经济中心城市，也是中国大陆六大经济中心城市（上海、北京、广州、深圳、苏州、天津）之一。

目前苏州市是中国发展最快的城市，也是经济最发达的城市之一，是长江三角洲经济圈重要的经济中心，苏南地区和沪宁杭工业基地的工业中心。如今苏州已由解放前的消费城市变成一个工业发达、规模巨大的江南工业中

心，具体表现在：以丝纺织、机械、化工、冶金与工艺品工业为其特色；丝绸产量约占江苏省的 75%，为全国三大著名丝绸产地之一；工艺美术工业在全国占有一定地位，门类较多、工艺精，其产品驰名中外，苏绣历来为中外顾客赞赏；苏州的轻工业也多种多样，特别是日用小商品为全国的重要基地之一；机械工业以电工电器，仪表仪器和小型精密设备为主；电子工业也较发达；精细化工与医药工业产品也很有特色。

常州市，别称龙城，简称常，截止 2008 年末，户籍总人口为 358.74 万人。常州水陆空交通便利，老京沪铁路、京杭大运河、312 国道和沪宁、宁杭、常宁、沿江高速（常苏）、常澄、锡宜等高速公路，以及江苏第 2 大机场、4D 级民航常州机场，构成了常州发达的水陆空交通网。

常州市是江南工业重镇，它是近代中国民族工商业的发祥地之一，以经济发达、工商比翼而著称。近年工业发展迅速，工业主要有纺织、轻工、电子、机械，多种工业品如灯芯绒、印花双面绒、针织化纤、玻璃钢、绝缘材料、变压器、照相机等均享誉全国。同时常州还是全国印染和变压器测试中心之一。常州工业生产的效益较好。

南通市，2008 年人口 763.72 万人，靠近苏北主要棉产区，是我国早期民族资本工业中心之一，工业以轻纺为主，是全国棉纺织工业的重要基地。近年来，毛纺、麻纺、丝绸与化纤工业也得到了迅速的发展，机械、电子、化工、建材和食品工业的发展也很快。南通是苏北地区最大的工业中心。

知识链接 ✓

沪宁杭工业基地轻工业、重工业都非常发达，轻工业、重工业比例为 55 ：45，即本区工业稍微偏轻工业，是个以轻工、纺织、机械、电子、冶金和化工为主体的综合性工业基地，也是我国最大的综合性工业基地。

区域工业发展动向

针对目前本区存在的问题和不足，今后区域经济和工业发展过程中应当努力的方向也就明确了：加强农业发展，巩固农业在国民经济中的基础地位；大力进行对太湖、苏州河等污染水域的保护和治理，保护环境；不断促进技术进步与技术创新，改造传统产业，加快发展高新技术产业，形成发达的高新技术产业园区；加快发展金融、保险、外贸、商业等第三产业；借浦东新区的开发开放为契机，进一步明确上海作为长江三角洲的经济核心地位和龙头地位，调整上海的产业结构，带动长江三角洲的产业结构调整与经济发展。

回望本区走过的辉煌之路，有许多值得学习和借鉴的成功经验。无论在城市经济圈发展建设上（长三角都市群）、经济发展模式上（上海浦东新区开发）、区域产业结构调整上（高新技术产业开发区发展）还是在乡镇企业崛起之路上（苏南模式、温州模式等），都有比较典型的成功的先例，而这些也就构成了沪宁杭工业基地整个的发展历史和动向。

关于"苏南模式"，通常是指江苏省苏州、无锡和常州（有时也包括南京和镇江）等地区通过发展乡镇企业实现非农化发展的方式。其实质就是发展乡镇企业和非农产业。由费孝通在 20 世纪 80 年代初率先提出。

其特点很明显：第一，是一种内源型工业化发展模式。它依靠"内向"型经济起步，其经济增长的主要动力，包括生产因素的聚集、产品市场的获得，主要是依靠地域内部和国内市场。第二，它的突出特点在于乡镇集体企业之组织形式。农民依靠自己的力量发展乡镇企业；乡镇企业的所有制结构以集体经济为主；乡镇政府主导乡镇企业的发展。第三，乡镇企业的独特作用。该模式中乡镇企业的发展，从为大中城市的工业配套和拾遗补缺起步，逐步推动这一区域的经济结构调整、升级和优化。同时，乡镇企业的发展还大量接收了农村剩余劳动力，有助于消除工农差别，推动城镇化建设，是消除城乡二元化差异、巩固农村基层政权的物质基础。还为增加国家财政收入、出口创汇发挥了重要作用。

"苏南模式"起步自上世纪 50 年代，但是随着我国市场经济体制的确立和深入发展，它逐渐遇到了来自多方面的挑战，如城市工业的挑战、三资企业的挑战、民营经济的挑战、严重的环境问题。特别是 20 世纪 90 年代，随着市场化的深入和短缺经济时代的隐去，乡镇企业遇到许多前所未有的困难，大批企业资不抵债濒临破产，并带来许多问题（成为"苏南模式后遗症"）。

　　因此，苏南地区又开始了一场新的发展革命，这一次的改革强烈地体现了市场经济的内在要求，使苏南地区走上了一条全新的、完全遵循市场经济规律的发展道路，呈现出多元化发展的特点。如构筑区域特色优势，发展园区经济；大力招商引资，实现外向型经济的高度集聚；推动农村城镇化，大力发展民营经济并使之后来居上等。可以说，目前苏南地区的发展道路，既有珠江三角洲模式和温州模式的特征，又有自己的独到之处，很难用一个统一的模式来概括。因此，有专家称这一"新苏南模式"为"苏南无模式"。

　　再说"温州模式"，是指浙江省东南部的温州地区以家庭工业和专业化市场的方式发展非农产业，从而形成小商品、大市场的发展格局。小商品是指生产规模、技术含量和运输成本都较低的商品。大市场是指温州人在全国建立的市场网络。其实质是以发展个体、私营经济为基础的模式。

　　该模式起自上世纪 80 年代，主要特征体现在以下几点：

　　第一，核心和主体是个体和私营经济的发展。个体和私营经济的繁荣成

就了"温州模式"的辉煌，同时自身也获得了飞速的发展。温州全市现有 20 多万户个体工商户、

▲浙江温州，瓯海登山鞋厂车间

股份合作制企业2.4万家、股份有限公司和股份合作公司2.4万家、私营企业4 000多家、13万多家非公有制企业。全市非公有制企业占全市工业企业总数的98.8%，工业产值占96%，税收占了70%，外贸出口额占了95%以上。

第二，它的突出特点是从日用小商品起步，发展劳动密集型产品，把小商品做大，把小企业做大做强，以小商品为主的主导产业和主导产品逐渐占领了国内国外相当大的市场份额，使温州本身在一定程度具有一定的品牌效应。例如温州生产的锁、眼镜、皮鞋、剃须刀、打火机等小商品，在国内外市场都可以见到。

第三，企业在较短的时间内迅速完成资本的原始积累。改革开放以来政府对市场进入管制逐步放松，而计划经济以及长期坚持的重工业发展的战略使轻工业消费品呈现出严重的短缺。因此，随着市场的开放，在利益的驱使下由大量私营企业组成的轻工业生产大军很快就形成了。在政府的引导和管理下，许多精明的创业者从很不起眼的小商品中赚取了创业的第一桶金，并开始逐步做大、做强，形成了许多名牌产业、优势产业。

有专家在谈到"温州模式"时这样说道：温州模式最重要和最宝贵的在于它的基本精神，也就是温州人的独特文化。温州模式的基本精神有三点：一是强烈的致富欲望和创业精神；二是不断追求、永不满足；三是异常勤劳，敢冒风险，勇闯天下，努力学习本领，善于适应环境。而这也是后来的浙商们的共同特点。

改革开放以来30年的发展中，在我国经济社会发展最快的东部沿海地区，特别是两个三角洲地区，先后出现了三种新兴的工业化发展模式，这就是"珠江三角洲模式"（本书将在后文中谈到）、"苏南模式"和"温州模式"。这三种模式不仅推动了本地区的农村工业化，而且在相当一段时期内成为我国工业化的典范。

让我们回到沪宁杭工业基地发展动向上来吧，概括地来说，就是要更好地发挥对内对外辐射扇面和枢纽作用，大力发展外向型经济，改造传统工业，开拓以电子、航天学、信息技术、生物工程、新材料等为重点的新兴工业，使本区成为全国综合性工业基地、国际贸易基地、科技人才基地和全国的经济核心区。

雄踞北国——京津唐工业基地

京津唐工业基地地理位置（区位条件）极为优越和重要。它位于我国东部沿海地带的北部，东临渤海，扼我国北方地区海上门户，与日本、朝鲜和韩国等海陆联系便捷；它拥有"亚欧大陆桥"东端的天津港、大连港，是我国华北的经济核心区，腹地范围广大，几乎包括半个中国；且区内有全国的政治中心和重要的经济中心，地理位置十分重要。

知识链接 ✓

京津唐工业基地又称环渤海地区，地域范围包括辽宁、河北、北京、天津和山东五个省、直辖市，环渤海地区是我国继珠江三角洲和长江三角洲之后又一经济快速发展的地区。京津唐工业基地广义上来看包括北京市、天津市、河北省的唐山市、秦皇岛市、廊坊地区，狭义仅指北京市、天津市和河北的唐山市。京津唐工业基地是我国北方最大的综合性工业基地，是华北经济区的核心，也是仅次于长江三角洲地区的沪宁杭工业基地的全国第二大工业基地。本区面积约 5.5 万平方千米，区内人口稠密，达 3110 多万人。

自然条件优势评价

气候和地形条件。本区属于温带季风气候，气候比较温和；在地形上属于华北平原地形区，地势平坦，土壤肥沃。优越的气候和地形条件为人类经济活动提供了良好的空间。

自然资源丰富。这是本区工业发展的一大优势条件。环渤海地区拥有探明储量占全国 40% 的铁矿石和石油资源，以及大面积的沿海滩涂；本地矿产资源主要有煤（河北开滦煤矿）、铁（河北迁安铁矿，储量达 27.2 亿吨，矿石品位在 30% 左右）、石油（华北油田、大港油田、冀东油田、渤海油田）、海盐（我国最大的盐场——天津长芦盐场）等，且蕴藏量丰富，因而采掘工业和加工工业都比较发达，这也为重工业发展提供了本地资源基础；在利用外部资源上，本区临近山西煤炭能源基地和东北、内蒙古等地区的重要资源产地，便于调入。

社会经济条件优势评价

京津唐工业基地的发展所依赖的优势社会经济条件主要表现在下面的几个方面。

本区具备其他工业基地所没有的独特条件，就是它处于我国政治中心所在区域。北京不但是我国的政治中心、文化中心，也是国际交往中心，还是全国经济中心之一，它的影响力和带动作用是巨大的。这对于本区拓展对外联系、加强信息交流、扩大辐射范围是具有非凡意义的。

在区域较为优越的自然环境基础上，本区农业生产也比较发达。华北平原是我国重要的粮棉油产区之一，这里农业生产稳固发达，棉花和农副产品也比较丰富，所以京津唐工业基地的轻工业基本可以实现原料自给。

区域内文化、教育、科技发达，人力资源素质较高，研究开发潜力巨大。全国1/4的高等院校、1/4的研究与开发机构及情报文件机构、17%的国有企事业单位专业技术人员都集中在本区，尤其是京津地区是全国知识最密集的区域，能够提供经济发展所需的各类高级人才。京津唐工业基地在很大程度上依托的是本区的众多高校，这是在技术上的独特优势。

交通运输非常便利。海运、铁路、公路、航空、管道齐全，且连成网络，

▼天津滨海新区，天津港北疆港区

对外联系方便快捷。海运上——拥有天津港和大连港，可以与我国东部沿海地区以及世界其他国家取得联系；铁路上——北京、天津等都是全国较大的铁路枢纽城市，拥有许多对外联系的铁路线，并且区域内还修建了城际间高速铁路；公路上——以国道、高速公路为主体的公路网密集分布，运速加快联系更加便捷；航空上——北京是我国三大航空枢纽城市之一，天津也是重要航空枢纽城市；管道上——境内有多条运送石油和天然气的管道。

▲天津

▲ 1951 年，天津，盐工在盐场将长芦盐装车外运

本区城市化水平很高，拥有众多大城市，目前已形成京津冀都市圈。它使得区域辐射带动范围进一步扩大，拥有更为宽广的经济，这将为本区发展带来更为广阔的市场和需求，促进本区进一步的发展。

最后不得不说的就是这里还拥有大量的劳动力资源，尤其是廉价劳动力很丰富。此外国家政策的支持和鼓励也是需要纳入我们视线的因素。但是不能只看一面，紧接着谈到的就是这里的一些限制性因素了。

区域发展限制因素

本区地处华北地区，面临的最大的限制性因素就是水资源和能源短缺，这对本区的发展影响是很大的。对于水资源紧缺本书试图用诊断的方式来描述这一问题。

◆华北地区缺水问题诊断报告

缺水类型——资源型缺水。

缺水表现——该地区水资源十分短缺，人均、亩均水资源量仅为全国平均值的 16% 和 14%。海河流域缺水状况最为严峻，人均水资源量仅为 292 立方米，水资源利用率高达 90% 以上，以国际标准衡量，属于严重缺水地区。其缺水的严重性主要表现为：水源枯竭、水质恶化；大部分河道已成为季节性或常年无水的河道；地下水严重超采，水位严重下降；农业生产用水、城乡居民生活供水、工业生产需水全部出现紧张的态势。

缺水原因——第一，水资源在时间（季节性差异、年份间的差异）上的分配不均，夏秋季节降水较多，冬春季节降水较少；第二，水资源在空间上（地区间差异）的分配不均，有的地方多，有的地方少；第三，工农业用水量较大，不合理的利用方式导致浪费严重。农业上主要是不合理的灌溉方式，漫灌和喷灌最容易浪费水源，工业上则是循环利用不够，浪费严重；第四，气候原因。每年冬末春初，华北地区气温回升快，地表水分蒸发较快，而雨季尚未来临，加之人类生产生活用水量大，此时最为缺水；第五，污染严重导致许多水资源无法使用。农业生产中大量使用农药和化肥，工业排放废水以及居民生活污水排放都是导致水体质量下降和污染的主要原因。第

六，在水资源综合调配和利用上各自为政，缺乏统一管理和制度。

缺水危害——首先是影响正常的工农业生产和人们日常生活，从而制约经济发展，扰乱社会秩序；其次，为了保证城市供水，不得不大量挤占农业用水，部分地区长期开采、饮用有害物质含量超标的深层地下水，民众健康受到严重威胁；再次，地区之间、部门之间的争水矛盾日益激化，甚至爆发冲突，严重影响社会的安定；最后就是为了缓解缺水现状不得不大量开采地下水，导致地下水位下降，引发地面沉降，沿海地区甚至出现海水倒灌，土地盐碱化进一步加剧了。总之，水资源拥有量和本区经济发展之间的不对称性带来的影响百害而无一利。

◆解决措施

一方面，对内要合理利用水资源（农业改漫灌为浇灌和滴灌，工业加强水资源循环利用率，居民生活节约用水）；防治污染，保护水资源；合理开发利用水资源，严防地质问题和土质恶化问题发生；区域内制定统一的水资源利用与分配政策，避免各自为政引发的纠纷和混乱；宣传节水理念，厉行节水制度，政府、企业和普通大众人人有责，要积极参与、统一行动。

另一方面，对外主要寻求跨流域调水来解决本区缺水问题。而目前已经实施的南水北调工程无疑是最好的解决途径之一。

下面说到的就是华北地区严重的地质和环境问题。环境问题无非还是生态破坏和环境污染，前文已多有涉及，而本区的地质问题却是引人关注的。主要的地质问题包括地表陷落形成"漏斗"、地面沉降、海水倒灌和土壤次生盐碱化问题。其实它们之间具有因果联系。

最后一个限制性因素表现在国有大中型企业活力不足、产业结构转换艰难这一区域经济发展中出现的主要问题上。例如，基础设施和基础工业薄弱，基础工业落后于其他工业，且发展后劲不足；某些主导工业产业素质还很低，生产能力过剩；工业重复投资、重复建设，产业布局不合理，地区产业结构趋同，没有形成各具特色的地区产业协调发展的格局；支柱产业落后，严重影响了其他行业的结构升级。

优势是用来利用和发挥的，问题是用来解决和突破的。我们不禁要问：京津唐工业基地为此走出来什么样的一条道路呢？目前它有哪些发展特色呢？

区域发展特色

工业体系逐渐完善，工业结构日趋合理。京津唐工业基地基础工业实力强大，工业体系门类齐全，特别是石油工业、煤化工业、冶金工业、海洋化工、机械电子工业等都很发达，是我国北方最大的工业密集区。此外本基地工业结构比较协调，重工业所占比重略大于轻工业，二者之比为 52∶48。

工业门类比较齐全，其中以机械、化工、冶金、纺织、食品几大工业部门为主。轻工业、重工业产品不仅数量多，品种较全，且质量也较高，竞争能力较强，许多产品远销国外。

工业城市较多且发达。本区主要工业城市有北京、天津、秦皇岛、保定、唐山、石家庄等，各城市间联系密切，也各有特色。北京和天津也是全国著名的工业中心城市，本书安排在后文中介绍，除此之外我们要关注的就是其他的几个工业城市。

秦皇岛市。全市面积 7 812.4 平方千米，2008 年人口为 286 万人。境内矿产资源较为丰富，种类较为齐全。目前，已发现各类矿产 56 种，已开发利用的 26 种，已探明储量的 22 种。此外交通便捷，通讯发达。秦沈高速铁路、京哈、

▲河北，秦皇岛港

京秦、大秦四条铁路干线和京秦高速公路、102、205国道贯穿全境，从北京、沈阳到秦皇岛只需两个多小时；民航开通了至上海、杭州、大连、黑河等国内数十条航线；海上客运开通了至大连、烟台和韩国仁川等城市的航线。

秦皇岛是一座新兴的工业城市。经过改革开放几十年的发展，已形成了基础雄厚、较为完善的工业体系。五大支柱产业为：以玻璃、水泥、新型建材为主的建材工业；以钢材、铝材为主的金属压延工业；以复合肥为主的化学工业；以汽车配件、铁路道岔钢梁钢结构、电子产品为主的机电工业；以果酒、啤酒、粮食加工为主的食品饮料工业。主要工业产品有1 000多种。

保定市。位于河北省中部，地处北京、天津、石家庄三角地带，素有"京畿重地"、"首都南大门"之称。总面积2.21万平方千米，人口逾千万，其中市区人口一百余万，是河北省人口第一大市，在环渤海经济圈中居重要地位。历史上保定是京师门户，曾"北控三关，南达九省，地连四部，雄冠中州"，而今区内交通网络发达，对外联系十分便利。

保定拥有良好的工业基础。早在建国初期，在全国156个重点建设项目中，保定就有8个。改革开放以来，经过多年建设，逐渐形成了以汽车制造为支柱产业，以机电、纺织、食品、建筑建材和信息产品制造为五大优势产业的工业生产规模体系。目前，保定拥有销售收入500万元规模以上工业企业1 100多家、3 000多种工业产品和260多种出口产品。特别值得一提的是，近几年本区抢抓汽车工业发展机遇，"华北轻型汽车城"雏形凸显。现在的保定市，经济和社会各项事业都取得了长足的发展，人民生活水平迅速提高，

2008 年人均生产总值为 14518 元。

　　唐山市。地处环渤海湾中心地带，南临渤海，北依燕山，东与秦皇岛市接壤，西与北京、天津毗邻，是联接东北、华北两大地区的咽喉要地和极其重要的走廊，地理位置极为重要。市区面积 3 874 平方千米，2008 年全市人口约 310 万。

　　唐山拥有非常密集的现代化交通网络。与北京联合建设的唐山港京唐港区，已与国内外 130 多个港口实现通航，并跻身全国港口 10 强；唐山港曹妃甸港区深水码头已全面开工建设，进展很快，已达到年吞吐能力 3 亿吨以上；京哈、京秦、

▲ 1976 年，河北唐山大地震遗迹

大秦三条干线铁路和京榆、唐秦、京唐三条国道穿境而过，京沈（唐山段）、唐津、唐港、唐曹、承唐、沿海、迁曹等多条在建高速公路交织成网，环城立体互交。

　　唐山，是一座具有百年历史的沿海重工业城市。1976 年唐山大地震以后，经过几代人的努力建设，经济、社会各方面呈现欣欣向荣的大好局面。目前工业已形成煤炭、钢铁、电力、建材、机械、化工、陶瓷、纺织、造纸、物流十大支柱产业，机电一体化、电子信息、生物工程、新材料四个高新技术产业群体高速发展。同时作为全国非常重要的能源、原材料工业基地，唐山现有开滦、唐钢、冀东水泥、机车车辆、三友碱业、唐山陶瓷等一大批大型高科技骨干优势企业。对外开放形成了全方位、多层次、宽领

▲ 河北唐山市区航拍

域格局。

今天的唐山市已经成为我国京津唐大都市圈的核心，同时也是我国重要的新型高科技工业基地和环渤海地区中心城市、中国海运中心和东北亚重要城市。而未来的唐山市也被认为是中国未来发展前景最好的城市之一，本市的目标就是打造中国的"北方深圳"。

石家庄市。河北省省会，地处河北省中南部，环渤海湾经济区，距首都北京283千米。东与衡水市接壤，南与邢台市毗连，西与山西省为邻，北与保定市为界。总面积15 848平方千米，常住人口980万人，其中市区人口250万（2008年数据）。

本市交通发达，京广铁路、石太铁路、石德铁路、朔黄铁路交汇于此；京深、石太、石黄、青银、石济、张石高速公路和107、307、308等国道在市域内纵横交错；正定国际机场是其主要航空枢纽，是经国务院批准的国际口岸机场。

▲ 河北省石家庄市火车站广场

石家庄的工业地位曾经一度一落千丈。经过老产业的升级改造，而今，"中国药都"、"重要商埠"、"绿色产业基地"、"纺织工业基地"四大产业定位让石家庄的未来更加清晰；工业企业逐步迁出市区，天然气大规模利用，投巨资治理环境污染；循环经济化工示范基地、国家生物医药产业基地、信息产业基地、纺织服装产业基地、装备制造业基地等五大基地相继建成，以支撑石家庄市化工、医药、信息、纺织四大产业；目前全市还建成了一批以石家庄国家级高新技术产业开发区、天山工业园区、良村工业园区、金石工业园区等为代表的高新技术产业园区和综合性工业园区。2008年石家庄市整体经济平稳较快增长，全市地区生产总值2770亿元，比上年增长11%，成为一个极具发展潜力的新城市。

本区的另一大发展特色就是区域间经济的整合和融合，目前已经提上议事日程和逐渐构建的环渤海经济圈就是最突出的表现。环渤海地区已成为继珠江三角洲、长江三角洲之后的我国第三个大规模区域制造中心。依托原有工业基础，环渤海地区不仅保持了诸如钢铁、原油、原盐等资源依托型产品优势，同时新兴的电子信息、生物制药、新材料等高新技术产业也发展迅猛。

● 知识链接 ✓

定位中的环渤海经济圈不仅是"三北"（东北、西北、华北）地区发展的引擎，也是东北亚地区国际经济合作的前沿地带，更是保证我国政治和经济稳定的核心地区。现已成为我国经济发展的第三大增长极。据统计，2006年环渤海五省市（北京、天津、河北、辽宁、山东）的地区生产总值达54 775.4亿元，占全国国内生产总值的26.16%，接近于长三角和珠三角的总和（长三角与珠三角的地区生产总值之和为60 984亿元，占全国GDP的比重为29.12%）。

由此可见，区域间不断优化整合、加强联系和互补，对于发挥各自优势、以集团的姿态面对市场竞争是具有重要意义的，也将会不断推动区域内各组成地区产业结构的优化和升级，促进区域经济的可持续发展。

▬ 区域发展定位

京津唐工业基地是我国北方地区最大的综合性工业基地，其今后的发展走势也颇受人们关注，如何发挥优势再创辉煌是未来发展定位的首要前提。

尤其值得一提的是，在工业发展方面，具体来说本区主攻两个方向。第一是加快产业结构调整的步伐，改变以传统的资源型工业为主导的局面，不断向技术和人才为主导的知识密集型产业方向过渡。其中也要处理好两种产业类型的比例和结构问题。第二是发展方向主要定位于打造中国又一个电子信息产业中心。目前我国业已形成的长三角和珠三角高新产业密集区就是很好的模板和借鉴，本区应当充分利用高校教育资源和科技人才优势，建设一批各具特色的高新技术产业园区，不断促进它们的整合和集群发展，从而形成高新技术产业密集分布区，带动区域经济整体发展。

知识链接 ✓

在利用区域优势的基础上，从整体来看，本区今后的发展方向和定位包含多个层次：第一产业方面——要加强农业现代化建设，发展节水型生态农业；第二产业方面——发挥交通发达、科技人才集中和钢铁、石油资源丰富的优势，积极发展汽车、电子和高新技术产业，提高钢铁、石油化工、重型机械等优势产业的技术水平和开发创新能力，加快产业结构向知识密集型产业方向发展；第三产业方面——要加快基础设施的建设，大力发展信息、金融、商贸、旅游等第三产业。

重中之重——辽中南工业基地

辽中南工业基地位于渤海湾北环和黄海的西北岸，拥有较长的海岸线，长达 2 100 千米。它包括了辽宁省除朝阳市、阜新市区及阜新县以外的其他省域，区域总面积达到 118 501 平方千米，人口约 3 500 万。它是我国最重要的经济区和重工业基地之一，也是我国最大的重工业基地。在本节内容里面我们将详细介绍辽中南工业基地发展的优势条件、区域发展的特色、目前存在的问题以及以国家"振兴东北老工业基地"政策为背景的区域复兴措施。

区域发展的自然条件优势

从地理位置上来看，本区濒临渤海、黄海，靠近俄罗斯、朝鲜、韩国，地理位置极为优越。一方面可以利用临海优势发展海运，加强与东部沿海其他地区和世界各国的联系；另一方面还可以发展海洋化工工业，充分利用海洋资源。

其次，本区在气候上属于温带季风性气候，且临近海洋，故而这里气候温和；地形上属于东北平原地形区，地形平坦开阔，土壤异常肥沃；而辽河

▼黑龙江三江平原饶河中俄边界湿地

等河流也为本区提供了较为充足的水资源。这些优势条件既为人类活动提供了充分的空间，也为农业生产打下了良好的基础。

区域内自然资源极为丰富是基地内重工业发展的主要依靠。本区丰富的自然资源主要包括煤炭、石油、铁矿石等，具体来说，煤炭主要分布在阜新、锦州、本溪、丹东等地；铁矿主要分布在本溪；石油资源分布在鞍山和渤海湾内，这里有著名的辽河油田。资源能够实现自给是其传统重工业崛起的重要因素。

区域发展的社会经济条件优势

水陆交通便利。本区临近渤海和黄海，且有我国著名的港口——大连港（具有 7 500 万吨以上的吞吐量），海运优势尤为明显；加之区内铁路交通便利，哈大线贯通南北，沈丹线联系东西，便于资源的地区调配；同时还有便捷的公路（高速公路、国道等）交通运输网以及航空运输。各种交通运输方式之间实现了海陆空联运的便捷交通运输网络，为本区发展提供重要条件。

劳动力资源丰富。和众多传统老工业基地一样，本区的发展依赖的也是众多的廉价劳动力资源。辽宁省有着大量的城镇劳动者和农村剩余劳动力资源，即使在今天，每年也有将近 30 万劳动力进入对外劳务输出的行列。在早期重工业发展中，劳动力资源丰富，工资水平较低显然是一个优势。

农业资源丰富。依赖本区较为优越的自然地理条件，这里农业也较为发达。辽宁省是中国著名的工业大省，同时也是一个农业大省，农业生产力发展水平在中国居领先地位。进入 21 世纪，辽宁农业继续有所发展。2004 年粮食总产量达 1 720 万吨，成为历史上仅次于 1998 年（1 828.9 万吨）的第二个丰收年。全年完成第一产业总产值增加值 769.9 亿元，增长 7.9%。发达的农业和丰富的农业资源为本区工业的发展提供了强有力的辅助作用。

国家政策的支持。东北地区是我国发展较早的著名工业区域，本区就是其中的典型，这里历来受到国家的重视。无论是在过去考虑到国防安全对这里的特殊照顾，还是在经济不断腾飞的今天，国家更加注意解决工业发展弊病而出台一系列政策（其中就包括振兴东北老工业基地战略），都为本区发展提供了极为有利的政策环境。正是中央政府和地方政府的多种政策支持，既为辽中南地区的崛起，也为今天辽中南工业基地的形成奠定了坚实的基础。

城市和市场环境好。随着区域经济的不断发展，本区也崛起了许多大中城市，城市化水平也比较高，且城市逐渐呈集群状发展，为工业发展提供了良好的市场需求环境，进一步刺激和拉动了工业的不断发展。

其他优势。本区科教事业发达、人才济济，拥有众多普通高等学校，同时靠近东北地区和京津地区的教科研资源集中地，为工业技术创新和产业升级提供了必备的技术和人才条件；再者就是本区的土地价格相对比较便宜，为大规模发展工业提供了便利。

▌▌▌ 区域发展特色

作为我传统工业发展的代表和全国著名的重工业基地，辽中南工业基地的一举一动无不牵动外界的目光。从本区形成到今天，它所取得的成就一直是我们关注的焦点。

总的来说，辽中南工业基地重工业基础雄厚，专业分工趋于合理，产业之间互补性和关联性强，本区重化工产业框架形成之初就是以产业关联性打造的，形成了矿山→能源→冶金→机械装备的产业发展链条。它是我国重要的原材料工业和装备制造业基地，也是我国北方最大的石化工业基地、国家级精细化工和催化剂生产基地。

每一个工业基地都是依脱几个主要工业中心（城市）发展起来的。本区凭借其独特的区位优势，逐步形成几个具有代表性的工业城市，而每一个工业城市也具有其典型的特色（重）工业部门。其中鞍山和本溪的钢铁工业、沈阳的机械工业、大连的造船工业和石油加工工业、辽阳的化学工业等一批工业企业都是国家重工业的骨干。下面我们来具体解读一下各个工业城市和工业部门。

◆鞍山——钢铁工业

鞍山市地处辽东半岛中部，因市南郊有一对形似马鞍形的山而得名。总面积 9 252.4256 平方千米，占辽宁省总面积的 8.4%，总人口 550 余万。境内已探明的矿产资源有 35 种，储量最丰富的有铁、菱镁矿、滑石、玉石、大理石、石灰石、花岗岩、硼等。其中铁矿的探明储量为100亿吨，居全国之首（占全国总储量的约四分之一）。长大铁路、沈大高速公路纵贯南北；海沟铁路、海岫铁路联接东西；大庆至大连的输油管道经过境内；公路成网，遍布乡镇，交通十分方便。

由于本区丰富的铁矿石资源以及周边地区丰富的煤炭资源供应（本区也有煤炭资源，但仍有缺口，需从外部调入），加之辽河提供的充足水资源以及区内便捷的交通运输，鞍山具备了钢铁工业发展的优越条件。鞍山是东北地区最大的钢铁工业城市，中国第一钢铁工业城市，有"共和国钢都"的美誉，是新中国钢铁工业的摇篮。

◆本溪——钢铁工业

本溪市地处辽宁省中部偏东，面积8 435平方千米，人口155多万人。交通发达，沈丹、溪丹、溪辽、溪田铁路纵贯境内，沈丹、丹霍、溪辽、本桓等干线公路与市内支线公路连结，对外联系便捷。自然资源也十分丰富，被誉为"地质博物馆"，主要矿藏资源有煤、铁、铜、铅、锌、锡、锰、钼、钴、金、银及石灰石等。工业部门除钢铁工业外还有建材、化工、机械、电力、纺织、食品加工业等。

本溪市是著名的煤铁之城，以优质焦煤、低磷铁、特种钢驰名全国。大型钢铁生产企业本溪钢铁公司，成立于1905年，主要产品有生铁、钢、钢材、铁矿石、机制焦炭等。本溪钢铁公司和鞍山钢铁公司合称鞍本钢铁工业基地，本书在后面章节还将介绍。

◆沈阳——机械工业

沈阳是辽宁省省会，位于中国东北地区南部，辽宁省中部，地形以平原为主，山地、丘陵集中在东南部，辽河、浑河、秀水河等河流流经境内。市区面积3 945平方千米，人口超过1 000万。沈阳是中国十大城市之一、中国15个副省级城市之一、中国七大区域中心城市之一、

▲辽宁本溪钢铁厂全景

中国特大城市、东北地区最大的国际大都市和政治、金融、文化、交通、信息和旅游中心。

  沈阳作为辽宁中部城市群的中心城市，区位优势相当突出。不仅区域内交通运输网络十分发达，而且教育和科技水平也相当高，再加上资源优势和劳动力充足等便利条件，沈阳发展成为我国著名的工业基地。尤其是本区的重工业相当发达，素有"东方鲁尔"的美誉。它是建国初期国家重点建设起来的以装备制造业为主的全国最重要的重工业基地之一。经过几十年的发展，本区工业门类齐全，工业部门已达到 14 200 个，现在规模以上工业企业 33 533 家，2008 年全市实现地区生产总值 3 860.5 亿元。

◆大连——造船工业和石油加工工业

　　大连市位于辽东半岛的最南端，东濒黄海，西临渤海，南与山东半岛隔海相望，北倚东北三省及内蒙古东部广阔腹地。它处于环渤海经济圈的圈首，且与日本、韩国、朝鲜、俄罗斯远东地区相邻，是东北、华北、华东以及世界各地的海上门户，是重要的港口、贸易、工业、旅游城市。全市总面积 12 574 平方千米，市区面积 2 100 多平方千米，常住人口 260 多万。

　　大连具备独特的海运优势，加之和其他交通方式构筑的交通运输网，使之成为东北对外联系的门户。此外，本区还蕴藏有大量的矿产资源，已发现金属、非金属矿产及地热矿泉水资源等近 30 种、500 余处。其中非金属矿产中的石灰石、硅石、金刚石、石棉、菱镁矿、滑石等价值较大，金刚石探明储量为全国总储量的 54% 左右。优越的地理位置和发展条件，成为大连工业发展的决定性因素。

▼辽宁大连港

大连工业基础雄厚，工业门类齐全，目前已形成以石化、电子、机械、轻纺服装、冶金建材、食品医药等行业为主的工业体系。而且工业的综合配套能力突出，具有较强的承载世界制造业转移的能力。最近几年在国家振兴东北老工业基地政策的推动下，大连产业不断升级优化，结构日趋合理，高新技术产业的发展更是有声有色。工业的强劲发展也推动了全市国民经济的增长。大连工业的未来发展方向也很明确，按照国家产业布局和实施东北地区老工业基地振兴战略规划重点，大连正在建设以高新技术和新兴产业为先导，大型石化工业、电子信息产业和软件、先进装备制造业和船舶制造四大基地为支撑，新型材料、服装、家具、饮料和农产品深加工等优势产业快速发展的新型工业体系。大连的明天也会更加美好！

◆辽阳——化学工业

辽阳市地处辽东低山丘陵与辽河平原的过渡地带，居于辽宁中部城市群

的中部，是一座有着 2 400 年历史的文化古城。全市面积 4 741 平方千米，人口数量 181 万人（据 2004 年数据）。

本区是全国矿产资源开发较早的地区之一，矿产资源种类多，储量比较丰富。主要有铁、水泥灰岩、熔剂灰岩、硅石、石膏、菱镁矿、钾长石、钠长石、滑石、金、石油、天然气、煤、透辉石、白云母等。其自然资源地位在全省乃至于全国都居于重要位置。此外这里的交通运输也是十分方便快捷的，以沈大高速公路为代表的各种运输方式为本区对外联系和工业发展带来了许多便利。

辽阳也是新兴的现代石化轻纺工业基地。其工业门类比较齐全，包括石油化纤、轻工、纺织、冶金、化学、机械、电子、建筑材料、能源、医药和食品加工等十几个主要行业。其中，化纤工业是国家重点基地之一。

区域发展存在的问题

本区作为传统的老工业基地，又是著名的重工业基地，它曾经走过的道路是辉煌的。但是，在其发展之路中也存在着许许多多的不可避免的问题和弊端。要想实现产业的结构优化升级，要想实现整个工业基地乃至东北老工业基地的振兴，就必须正视这些问题和弊端。正所谓"不经历风雨怎么能见彩虹"，阵痛是必须的。这里存在的问题很明显也很突出，主要表现在下列几个方面：

辽中南重工业基地赖以生存和发展的优势之一是区域内丰富的自然资源，但是还不能完全满足需要，许多矿产资源濒临枯竭，资源相对不足。最主要的供求矛盾集中在整体对于天然气等能源资源的缺乏，以及少数地区对于水资源和煤铁资源的缺乏。有的地区先天性缺乏，而有的地区却因为过度使用、浪费、开发不力等原因而导致资源缺口，这是值得反思的。其实在我国许多矿区都存在这样的浪费问题，如何避免浪费、提升资源开采率和利用率就上升为今后的关键问题了。

第二个突出性的问题就是工业结构失之偏颇。虽然辽中南工业基地以重为主，重工业较全面，但结构老化，管理落后，许多重工业企业历史较长，而作为国有企业又长期负担沉重，加之计划经济时代留下的烙印尚未完全抹去，最终出现不适应市场经济发展的矛盾。结构性的矛盾又叠加在体制性的弊端之上，二者严重影响了本区众多重工业企业的活力和未来发展，甚至有的大型国有企业宣告破产或濒临破产。因此，产业结构调整和优化升级就迫在眉睫了。

而产业结构的调整和优化升级又需要技术进步的支持，没有先进的技术就难以实现创新，就难以为促进产业发展提供动力。辽中南重工业基地的发展面临的一大难题就是缺乏先进的科学技术，科技软实力的缺乏和落差必然导致本区重工业发展缺乏后劲。

本区也和世界上大多数早期发展起来的老工业区一样，重工业的发展带来了严重的环境污染。我们在看到工业总产值节节攀高的同时，也会发现那里的天变得阴暗了、空气污浊了、河水也不那么清澈了，我们的生活环境再也没有从前那般宁静了……这就是现代工业发展进程中不可避免的一大问题，本区甚至更为严重。

正是因为以上诸方面问题的存在，才导致辽中南工业基地现今发展速度缓慢，面临着严峻的挑战。为此，本区自身、当地政府以及国家都不得不想尽一切办法应对日益突出的危机和矛盾，争取让辽中南工业基地重新焕发青春。这才有了下面要谈到的关于国家振兴东北老工业基地的战略。这是本区振兴的最佳时机，也是最大的机遇。

区域复兴之路

作为东北地区和全国最大的重工业基地，辽中南工业基地可以算是重工业发展的典型了，而国家振兴东北老工业基地战略很大程度上使得本区最为受惠，其中的方方面面措施与政策都是针对本区的。这是本区复兴过程中的有利环境，必须抓住这个历史性的机遇，不断取得突破，才能寻回失落的美好。首先我们关注一下国家振兴东北老工业基地战略。

有了这样一个大的政策环境为依托，辽中南重工业基地才能有的放矢，针对自身问题逐个突破，不断完善自己从而实现工业振兴。具体来看，我们可以总结出它的一些主要战略举措：

积极发展新兴工业和第三产业，实现经济结构多样化。辽中南工业基地原先是以煤炭、钢铁等工业为主，生产结构单一。要积极发展电子、信息等新兴产业和第三产业，促使经济结构向多样化方向转变。同时还要不断创新和引进先进技术，优化地区产业结构。

加强交通、通信等基础设施的建设，积极拓展现有交通，完善交通运输网。其实辽中南地区的交通运输并不落后，但现代交通运输方式（如高速公路、城际间高速铁路及现代化机场）相对来说比较落后，这些直接影响了现代企业（尤其是临空型布局的中小型的电子、信息业等工业）的布局。

发展科技，提高劳动者的素质，创新技术，繁荣经济。科技是工业生产的一项重要的投入，也是创新的原动力。它可以促进产品的更新换代，提高经济效益；也可以促进产业结构优化升级，提高企业的市场竞争力。

消除污染、美化环境。辽中南的重工业设备陈旧，污染严重，导致当地的环境逐渐恶劣，污染严重。因此，要吸引国内外企业来此投资和发展，就必须大力消除污染，美化环境。譬如发展一些能耗少、污染轻的工业企业；加大污染治理力度；通过法律和政策措施抑制污染的发生等都是重要的措施。

加大改革开放的力度，积极引进外资。通过对外开放引进外国资本、技术、人才和先进管理经验，可以改造本区传统产业，加快高新技术产业和服务业的发展，提升产业发展的整体水平；同时还有利于本区企业参与到全球化进程中，不断提高产业形象和国际竞争力。

不断加强区域整合，实现产业间优势互补和经济联系。区域发展不能仅仅局限于自己的一亩三分地，既要走出去也要引进来。近年来我国区域经济圈建设和主体功能区建设趋势越来越明显，本区也已初步形成了辽宁中部城市经济圈的雏形。今后还要进一步进行区域资源的整合，并且放大到整个东北地区乃至整个北方地区甚至全中国。唯如此，辽中南的明天才会更加值得期待！

以轻制胜——珠三角工业基地

● 知识链接 ✓

珠江三角洲工业基地位于广东省中南部，属于珠江三角洲经济区的组成部分，后者包括广州市、深圳市、佛山市、珠海市、江门市、中山市、东莞市、惠州市和肇庆市，区域总面积 4.17 万平方千米，2000 年 10 月底总人口达 4 078 万人。目前，珠三角地区不仅是我国最重要、最具发展活力、最有发展潜质的经济区之一，也是亚太乃至全球经济增长最快、持续时间较长的地区之一。珠江三角洲工业基地以广州、深圳、珠海为中心，是我国重要的以轻工业为主的综合性工业基地。

区域发展的自然条件优势

极为优越的地理位置。本区地处珠江流域下游地带的珠江三角洲地区，位于我国东南沿海，濒临南海，同我国的香港、澳门两大特别行政区相毗邻（其中，深圳经济特区邻香港特别行政区，珠海经济特区邻澳门特别行政区），与东南亚地区隔海相望，被称为我国的"南大门"，地理位置相当优越。这样的区位条件使本区得以发挥劳动力丰富、地价低廉的优势，就近接受港澳产业的扩散，利用港澳贸易渠道转口大量出口商品，参加广泛的国际分工。

综合自然条件优越。本区地处亚热带地区，属于亚热带季风气候，夏季高温多雨，冬季温暖少雨，全年降水较多；地形上位居珠江三角洲地区，平原地形平坦开阔，土壤肥沃；区内河网密布交叉纵横，水系发达，水源极为充足。优越的自然条件为农业生产提供了极大的便利因素，也为人类提供了适宜居住和从事生产等活动的空间资源。

区域发展的社会经济条件优势

劳动力资源丰富。本区人口众多，加之外来务工人员大量涌入，这为本区工业，特别是轻工业的发展提供了充足的劳动力资源。据第五次人口普查资料，本区当时暂住人口 1766 万人，是全国吸纳农村富余劳动力最多的地区。

海陆交通便利。本区综合交通运输网络发达，对外联系十分方便。广州是本区的交通中心，也是华南地区的海陆空交通运输中心，海运、公路运输（高速公路）、铁路运输（城际间高铁）以及航空运输构筑了多层次、复合式的发达交通运输网。

国家政策鼓励和对外开放的前沿地带。我国自 1979 年以来实行改革开放政策，使得本区一跃而成为对外开放的窗口，而且 1980 年建立的 4 个经济特区（深圳、珠海、厦门、汕头）中本区就占了 3 个，广州也是我国 14 个沿海开放城市之一。便利的区位条件使得本区在引进外国资金、技术、人才和先进管理经验上具有得天独厚的优势。

地处侨乡，临近港澳市场。我国的广东省和福建省都是著名的侨乡，这是其他地区所不具备的优势。地处侨乡，可以借助华侨和华人引进外资和技

▼ 2008 年，广州港南沙作业区航拍

术；靠近港澳地区市场便于引进外资、技术、管理经验，同时加强彼此间经济联系，扩大市场。

城市化水平高，市场经济环境优良。本区拥有众多大、中、小城市，且城市化进程开始早，水平很高。改革开放以来，珠江三角洲工业基地在原有的较好的经济基础上，1981 年 ~ 1995 年国内生产总值年平均递增达 18%，成为全国经济增长最快、人民生活最富裕的地区。本区城市居民生活水平和消费水平都很高，加之这里市场经济体制较为完善，市场发育程度高且比较成熟，这些都为工业的发展提供了很好的市场条件。

其他优势。不容忽略的是，珠三角地区凭借其科技、教育和人才方面的先进性已经成为我国高科技产业和电子信息产品生产的中心地之一。此外，发达的农业生产和丰富的农业产品资源也为本区轻工业的发展提供了原料资源的支撑。如果再考虑本区历史上长期发展积淀下来的经济基础，那么本区的发展就自然顺理成章了。

▼广州新白云国际机场

区域发展特色

改革开放以来本区经济持续高速发展，在原有较好的经济基础之上，1981 年～1995 年国内生产总值年平均递增达 18％，高于广东 14％和全国 12％的增长速度，成为全国经济增长最快、人民生活最富裕的地区。目前，珠三角工业基地是我国重要的以轻工业为主的综合性工业基地。

现在，本区已经已形成了以轻工业为主、重化工业较发达、工业门类较多、产品竞争能力较强的工业体系。家用电器、消费类电子产品、纺织服装、食品饮料、医药、玩具、手表、自行车、日用小商品等轻工业均居全国前列。尤其是电子工业的产值占全国 20％，已成为全国重要的新兴电子工业基地，成为全球电子工业品的最大出口基地之一。

本区由于靠近港澳，又是著名的侨乡，这里利用外资较多，成为外商投资的热点地区。由于改革开放的优惠政策，吸引了大量的外资，促进了本区的飞速发展。1979 年～1995 年珠江三角洲地区实际利用的外资额占全国的 16％，其中港澳资金占 77％。外资进入的同时还引进了先进的技术设备、人才和先进的管理方法，并借此对传统工业进行技术改造，由此创办了一批现代外商独资、中外合资企业，成为本区区域经济增长的重要源泉。

本区的工业发展可以说有声有色，在我国同类型的工业发展道路上可谓是

▲深圳地王大厦及京基 100 远眺

榜样和典范，我们耳熟能详的"前店后厂"和"深圳模式"都是由本区制造。

不仅在经济和工业发展模式上本区给出了令人们满意的答卷，而且一颗颗冉冉升起的明珠也再次令人们炫目，这里的明珠指的正是一座座工业城市。鉴于本书结构，在这里主要介绍一下汕头市、珠海市和东莞市。

汕头市。位于广东省东部，韩江三角洲南端，历来是粤东、赣南、闽西南一带的重要交通枢纽、进出口岸和商品集散地，素有"华南之要冲，岭东之门户"的美称。全市总面积 2 064 平方千米，2008 年总人口 506.57 万人，它是全国最早开放的经济特区（1981 年 11 月）和南方地区重要的港口城市。

汕头市自然条件比较优越，而且社会经济条件也很优越。在交通上，经过改革开放 25 年的发展，汕头市已初步形成以海港、空港为中心，高等级公路、铁路为骨架的海陆空现代化立体交通网络；加之这里地处侨乡邻近港澳，又是经济特区之一，国家政策有保障等其他条件，本区经济发展很快。

经过多年的发展，目前汕头市工业主导作用明显增强，产业集群迅速发展，形成了纺织服装、工艺玩具、化工塑料、食品加工、机械装备、印刷包装、音像材料、电子信息等一批有地方特色的支柱产业和优势产业。

珠海市。位于广东省珠江口的西南部，是珠江三角洲南端的一个重要的港口城市，它是中国的五个经济特区之一。东与香港隔海相望，南与澳门相

▲广东汕头港。汕头港位于广东省东部潮汕地区的韩江、榕江、练江出海汇集处，背靠粤东、闽西南、赣南等经济腹地

连，西邻新会、台山市，北与中山市接壤，陆地面积 1 701 平方千米，海岸线长 691 千米，有大小岛屿 146 个，故有"百岛之市"的美誉。人口 148.11 万人（2008 年），是广东省人口规模最小的城市。

珠海生态环境优美，山水相间，陆岛相望，气候宜人，自然条件优越，宜居度很高。此外，改革开放后特别是这里成为经济特区以来，珠海利用不断发展完善的交通运输网络优势、优越的科技人文优势以及对外开放窗口等优势，经济不断发展，社会不断进步。

东莞市。位于广东省中南部，珠江口东岸，东江下游的珠江三角洲，陆地面积 2465 平方千米。本区控东江和广州水道出海之咽喉，海岸线长 115.94 千米，海域面积 15000 公顷。东莞属于亚热带季风气候，长夏无冬，日照充足，雨量充沛；境内地形平坦，属冲积平原，土地肥沃；水资源较为丰富。

东莞交通、通信十分发达，拥有由国道、高速公路、铁路、港口、机场等组成的一体化交通运输网。拿公路为例来说，107 国道、广深高速公路和莞深高速公路贯穿本区南北，境内 4 条主干公路和 13 条联网公路均为一级公路，目前，全市公路通车里程 2759 千米，平均每百平方千米就有近 120 千米的公路。再加上本区能源充足、市场广阔、科技力量雄厚等因素，本区工业发展条件极为便利。

▼广东珠海市区远眺

东莞经济以外向型为主，特别是工业，大部分的资金、原材料和产品销售都离不开国际市场。在工业发展上，目前本区制造业实力雄厚，是全球最大的制造业基地之一，制造业总产值占规模以上工业总产值的90%以上；逐渐形成以电子信息、电气机械、纺织服装、家具、玩具、造纸及纸制品业、食品饮料、化工等八大产业为支柱的比较齐全的现代化工业体系。改革开放以来，本区经济总量规模不断扩大。

▲广东东莞市东城区街景

▲ 2011 年 7 月 24 日，广东省东莞市长安镇乌沙社区，电子厂的女工正在进行焊锡作业

四

华夏明珠——中国主要工业城市

　　读者朋友们还记得本书在第一部分内容里对中国地理现今工业分布格局的介绍吗？当时本书在讲到工业城市的时候，曾把这些工业城市比作一颗颗明珠镶嵌在华夏大地上。的确，每一个国家或者地区的国民经济发展，都离不开一些强有力的经济和工业地带的推动。而无论哪一个工业地带内，又总会找到许多各具典型特征的工业城市。当然，中国也具备这样的特征。这就相当于我们在东部沿海工业地带中探寻主要的四大工业基地所包含的工业城市一样，轻而易举地，我们能够如数家珍般地列出长长的一大串——北京、青岛、上海、苏州、广州……

　　但是也不能说所有的城市都被定性为工业城市，比如北京的主要城市定位是我国的政治、文化和国际交往中心。不过，在我国逐渐变成工业化国家的进程中，工业只会越来越强，更多的城市选择工业这一突破口。本书要说的正是我国那些比较突出的、更典型的、能反映整个国家工业实力的几个代表性的工业城市。当然，取舍是很矛盾的，甚至是痛苦的。因为在中国区域经济一派红火繁荣的景象下，抛开所取得的产值而言，确实有许多特色鲜明、表现抢眼，甚至大有后来居上的冲劲的中小工业城市出现在我们的眼前。

　　尽管如此，我们也只能忍痛割爱，本书力求把最好的几个工业城市展现在读者眼前。在一个城市的 GDP 里面，工业的贡献值是绝不容忽视的。在这里主要介绍其中的五个，即上海市、北京市、广州市、深圳市和天津市。介绍的主要思路依旧按照探寻区域地理位置→评析区域发展的条件→了解区域工业特色→区域存在的问题及对策的思路进行。对此，读者朋友们应该已经很熟悉了，在进入正题前你做好准备了吗？

东方巴黎——上海市

　　上海市，中国四大中央直辖市之一，是中国第一大经济中心城市。位于华东地区长江入海口处，濒临东海，又处在我国大陆海岸线中间地带，地理位置极为优越。全市面积 6340.5 平方千米。上海市拥有中国最大的工业基地（沪宁杭工业基地）和最大的外贸港口（上海港），已发展成为中国大陆的经济、金融、贸易和航运中心，同时还是一个国际化大都市。到过上海的人都能感受到，上海那令人炫目的繁华景象，真不愧为"东方明珠""东方巴黎"。

得天独厚的自然条件

　　水热条件俱佳。本区属于亚热带季风气候，加之临近海洋，四季分明，气候温暖湿润，全年降水较多，热量充足。优越的光热条件为农业生产提供了有利的条件，使得本区农业较为先进和发达，有力地支撑了城市和工业经济的发展。

　　地形地貌条件。上海处于长江入海口处，为长江三角洲地形，属于长江中下游的组成部分。全区海拔较低，地形平坦。加上长江冲积带来的大量有机质和矿物质，使得土壤肥沃，非常适宜开展农业生产。在本区还形成了我国最大的冲积岛——崇明岛。

　　河湖众多，水网密布。境内水域面积 697 平方千米，河流主要有黄浦江及其支流苏州河（吴淞江）、川扬河、淀浦河等。黄浦江源自太湖，全长 113 千米，流经市区，江道宽度 300 米~770 米，平均 360 米，终年不冻，

▲上海陆家嘴，东方明珠电视塔一带

是上海的水上交通要道。苏州河上海境内段长 54 千米，河道平均宽度 45 米。上海的最大湖泊为淀山湖，面积为 62 平方千米。充足的水源为工业发展提供了便利。

自然资源是本区的最大制约因素。关于这一点，我们在之前的内容里已经谈到了，在这里也就不再赘述了。

≡ 社会经济条件概述

近代以来，上海一直是我国的经济中心地带，随着 1842 年《南京条约》的签订，上海成为中国对外开放通商口岸之一，并很快因成为东西方贸易交流的中心而迅速发展。至 20 世纪 30 年代，上海成为跨国公司开展贸易和商务的枢纽，是亚太地区最繁华的商业中心。较早的开发历史和厚实的经济基础为今天的工业发展打下了稳固的根基。

交通是上海发展的命脉，这里的交通网络四通八达，我们可以找到很多词汇来描绘——陆海联运、最大港口、航空中心、高速公路众多、城际间高铁修建、跨海大桥等等。这主要得益于它的地理位置——地处太平洋西岸，亚洲大陆东沿，长江三角洲前缘，东濒东海，南临杭州湾，西接江苏、浙江两省，北接长江入海口，长江与东海在此连接，且正当我国南北弧形海岸线中部，其本身就是一个良好的江海港口。为了更好地发展，上海市近年来还相继建成了一批跨黄浦江的大桥、隧道、高架路、高速公路、轨道交通、国际机场、洋山深水港等重大标志性交通设施建设工程。

　　上海是我国重要的科技中心，也是一座文化底蕴丰富的城市，上海交大等一批重点大专院校为本区发展提供了大量的科技人才。此外，本区也是接收外地劳动力输入的重点地区，为工业发展提供了大量的廉价劳动力。

　　上海城市化水平很高，是一座国际性大都市。由于经济发达，民众生活水平普遍较高，消费需求旺盛，工业发展的市场环境很好。

　　此外：在国家政策的扶持下，特别是改革开放后沿海率先崛起战略的实施，上海逐渐又找回了往日的被尊崇感，成为我国经济发展和工业化的代表。

　　如果要指出上海工业发展方面的限制性因素的话，前文我们介绍到的苏州河的污染就是很好的一个警示，发展经济和工业必须兼顾环境。此外，本区在应对产业结构优化升级以及区域经济一体化方面还应付出更大的努力，发挥更大的联动作用和辐射效应。

▲上海市，南浦大桥

▲上海，黄浦江上的杨浦大桥

≡ 工业发展特色

上海是我国最大的综合性工业中心，工业门类相对齐全，轻工业、重工业均很发达，轻工业以纺织和日用轻工为主，重工业以机械、冶金、化工业为主。工业总产值约占全国的 10%。

上海不仅在市区有高度密集的工业区，而且工业在郊区也得到蓬勃发展，围绕着市区的有高桥、五角场、鼓浦、北新泾、漕河泾、长桥、周家渡、庆宁寺等一批近郊工业区和闵行、吴泾、安亭、嘉定、松江、金山、宝山等一批远郊工业城镇，形成了欣欣向荣的新工业带。

◆宝山是重要的冶金工业基地，已经建成的宝山钢铁公司是我国全套引进国外最先进炼钢技术设备，水平最高的钢铁联合企业。

◆闵行是机电工业区，并还将进一步开辟为出口加工新区。

◆安亭是上海的"汽车城"，这里有我国最大的轿车制造厂——上海大众汽车制造厂，中德合资兴办，全套引进吸收德国大众汽车厂的先进技术，其产品桑塔纳轿车远销国内外市场。

◆吴泾是煤化工业区。

◆松江与嘉定是利用历史古城发展起来的以轻工业为主的工业城镇。

为了早日把上海建设成为国际化大都市，1991 年，上海开始了建设浦东新区的宏伟计划，目前浦东新区已经极具规模，成为上海经济发展的重要增长极。

▲宝钢建设发展的相关图片，上海宝钢集团公司宝钢展示厅

知识链接 ✓

上海依托技术力量强、智力资源丰富的优势，致力于打造新兴工业区和经济技术开发区，这里名牌产品多，成为我国高精尖产品、新兴工业产品和出口工业产品的最重要基地。目前，上海也已形成"1+3+10"的工业园区布局模式：

"1"——浦东新区；

"3"——漕河泾新兴技术开发区、闵行经济技术开发区、松江出口加工区；

"10"——上海市松江工业区、上海市嘉定工业区、上海市莘庄工业区、浦东康桥工业区、上海市青浦工业园区、上海市奉浦开发区（工业综合开发区）、上海宝山城市工业园区、上海宝山工业园区、上海市崇明工业园区、上海金山工业区。

浦东新区开发

浦东新区有着良好的区位优势，自开发以来，它主要是依托四大国家级开发区——陆家嘴金融贸易区、外高桥保税区（自由贸易区）、金桥出口加工区和张江高科技园区为主体逐渐建设和发展起来的。在发展过程中还特别注重交通运输网络的建设和完善，尤其是跨越黄浦江连接浦西市区与浦东新区的两座大桥——南浦大桥和杨浦大桥已建成通车，对本区的发展起到了极大的作用。

根据《上海市城市总体规划（1999年——2020年）》，浦东新区"十一五"期间以及长远发展布局有了更为明确的方向——"一轴三带"布局和六大功能区域布局。

"一轴三带"布局：

一轴：即上海市总体规划确定的从虹桥机场至浦东国际机场的东西向发展轴，其东段为浦东新区小陆家嘴—世纪大道—浦东国际机场。以"一轴"为纽带，东西联动，以"一轴"为中枢，南北辐射，揭示了浦东新区未来的发展走向，是浦东现代化城区景观标志轴的集中体现和现代服务业走廊。

三带：即以陆家嘴金融贸易区为核心的沿黄浦江综合发展带，依托黄浦江两岸综合开发，重点发展金融保险、专业服务、商业贸易、旅游会展产业和生态居住功能，集中体现中心城区的繁荣繁华和现代服务功能；以"一江三桥"等国家级开发区为主体的中部发展带，重点发展高新技术产业和生产性服务业，集中体现产业实力和研发创新功能；以外高桥港区和浦东国际机场为依托的滨江临海发展带，重点发展现代物流等临空临港产业以及都市旅游、现代农业，集中体现现代物流功能和发展后劲。

六大功能区域布局：

以功能开发为主导，促进功能区域一体化发展，推进城市综合功能的提升。规划建设六个功能区域，即陆家嘴功能区域、张江功能区域、金桥功能区域、外高桥功能区域、三林世博功能区域、川沙功能区域。

今日的浦东新区，日新月异；今日的浦东新区，朝气蓬勃。浦东新区大力推进产业升级、功能开发和制度创新的一系列发展举措，不但充分发挥了示范、辐射和带动作用，也成为上海和中国的骄傲！

▲ 2010 年 10 月 5 日，上海浦东，从上海环球金融中心大厦 观光厅俯瞰浦东新区建筑物

未来展望

上海市——这个土地面积仅占全国 0.06%、人口占全国 1% 的城市，完成的财政收入占全国的 1/8，港口货物吞吐量占全国的 1/10，口岸进出口商品总额占全国的 1/4。上海早已确立了中国第一大城市的身份，为了看向更远的将来，它已经确立了自己的中长期发展目标，那就是到 2020 年，把上海基本建成国际经济、金融、贸易、航运中心之一和社会主义现代化国际大都市。尤其是 2010 年在上海举办的世界博览会，再一次向世界展示了自己。

正在向现代化国际大都市目标迈进的上海，肩负着面向世界、服务全国、联动"长三角"的重任，必将在全国经济建设和社会发展中发挥越来越重要的作用。

祖国心脏——北京市

"走遍了南北西东，也到过了许多名城，静静地想一想，我还是最爱我的北京。不说那天坛的明月，北海的风，卢沟桥的狮子，潭柘寺的松。唱不够那红墙碧瓦太和殿，道不尽那十里长街卧彩虹。只看那紫藤古槐四合院，便觉得甜滋滋，脆生生，京腔京韵自多情，京腔京韵自多情。不说那高耸的大厦，旋转的厅，电子街的机房，夜市上的灯，唱不够那新潮欢涌王府井，道不尽那名厨佳肴色香浓。但想那油条豆浆家常饼，便勾起细悠悠，蜜茸茸，甘美芬芳故乡情，甘美芬芳故乡情。走遍了南北西东，也到过了许多名城，静静地想一想，我还是最爱我的北京。我还是最爱我的北京。"——《故乡是北京》歌词。

终于走进了北京这一节了，严格意义上说北京并非一个以工业为主要职能的城市，但是凭借其综合实力的强劲，本书依然要关注它工业的方方面面。一首熟悉的歌谣令我们产生了对祖国首都的无比敬仰，接下来便随本书一同进入北京吧，我们从工业这个侧面去解读它。

区域发展条件

　　关于北京所拥有的区域发展条件，我们可以从下面几个方面进行解读：

　　气候条件适中。北京属典型的温带大陆性季风气候，冬季寒冷干燥，夏季高温多雨，春秋短，冬夏长，年平均降水量 609 毫米。具体来看，北京的春季气温回升迅速，多风；夏季，当东南季风来临时，形成 7—8 月间的高温多雨天气。夏季降水占全年的 70%，对农业生产极为有利；秋季云淡、天高、气爽，为北京最舒适的季节；而冬季则盛行西北风，经常出现大风、降温、寒冷、干燥天气。

　　地势和地形条件。北京地势西北部和东北部三面环山，地势较高；西部的山地总称西山，是太行山的余脉，由几条东北—西

▲ 1987 年，北京门头沟东灵山景区

南走向的褶皱山岭组成；北部山地属燕山山脉，统称军都山。闻名世界的万里长城沿着燕山山脉蜿蜒起伏，雄伟壮丽。北与内蒙古高原相连，西与黄土高原衔接。在重叠的群山之中，由于河流侵蚀，形成了不少隘口，自古以来就是人们南来北往的必经之地；东南是华北平原的一部分，由于靠近燕山和太行山，平原大部分为山麓冲积扇。平原东南地势低洼，属于冲积平原，整个平原自西北向东南平缓倾斜。全市山地面积 10 417.5 平方千米，平原面积 6390.3 平方千米，平均海拔 43.5 米。

在自然条件方面，本区处在华北平原，土壤比较肥沃；再者由于气候条件，本区虽然也有一些河流，如永定河、潮白河、北运河、拒马河等，但是整体而言水资源比较缺乏。因此，其自然条件上既有优越的一面也有不利的一面，应当区别来看。

悠久的历史和经济基础。作为古都，北京历来是中国的中心，其发展程度可想而知，历史的积淀为今天的发展打下了良好的基础。在此就不一一重复了。

对外交通十分便利。北京市是全国最大的铁路枢纽中心，有京沪、京九、京哈、京广、京包、包兰等密集的铁路网；北京市还是中国最大的航空港之一，有多条国际航线通向世界各地；北京市的公路密度也是全国最大的，有多条国道、高速公路连接全国各地（以北京为中心向四面呈辐射状的国道共有 12 条，分别可到沈阳、天津、哈尔滨、广州、珠海、南京、福州、昆明等地。北京有六条高速公路：八达岭高速公路、首都机场高速公路、京沈高速公路、京津塘高速公路、京石高速公路、京张高速公路）；北京市虽地处内陆，但东距大海只有 150 千米，便于利用海运条件；北京也是我国三大航空中心之一；近年来，随着国家兴起建设城际间高速铁路的热潮，京津城际高铁已于 2008 年 8 月 1 日开通，京沪、京石（石家庄）、京武（武汉）等多条城际间高铁也已建成通车。这些现代化交通运输方式已形成便捷快速的交通运输网络，促进了北京市的对外联系和交往，也为本区工业发展起到了有利影响。

城市现代化建设突出。城市现代化表现在经济的方方面面，如城市内部交通方便快捷、信息通达、环境优美、功能齐全、基础设施完善先进、文化、教育、科研水平很高等等。这些都成为本区发展经济和工业的有利因素。其它诸如劳动力资源丰富、科技力量雄厚、市场广阔等因素就不再一一表述了。

如果我们概括来看，北京地理位置的重要性和区位优势主要可以归为这么四句话：纬度位置优越——地处中纬度暖温带，半湿润地区，有适合城市和工业发展的冷热、干湿都适中的气候优势；海陆位置优越——虽居内陆，但距海较近，交通发达；战略位置优越——战争年代，三面环山，易守难攻，和平年代，东南平坦，适于经济发展，城市建设；经济区位优越——西有黄土高原，北有内蒙古牧区，南有华北平原，能源、原材料、食物供应充盈。正是由于北京的地理位置优越，所以北京自古就是我国的战略重镇，历史上，金、元、明、清先后在此建都，新中国成立后又一次定都北京。

工业发展特色

本书已经不止一次地谈到过这样一个问题，任何区域发展工业都必须结合具体的实际情况。我们知道北京市的主要城市职能并非包括工业中心，即使是经济中心之一也不能说是工业中心。这里面涉及到一个关键问题，那就是北京的历史和文化价值。我们不能拿那些历史建筑和文物古迹开玩笑，那些污染严重的工业在这里是不能选择发展的。

同样需要指出的是，北京是中国的心脏所在，是中国的象征，因此，北京必须朝着现代化大都市方向发展。因为北京是历史文化古城，历史深刻地

▲北京鼓楼俯瞰胡同和四合院。

▲北京，建国门外大街的市容

影响着今天，所以在北京的城市建设和发展中，应在注意保持旧城格局和原有风貌的同时修建现代化建筑，这可使北京出现传统与现代并存的特殊景观。这就是说，北京在发展经济的过程中可以发展工业，但是要注意两大问题：一是选择污染较小的工业；二是工业尽量布局在郊区。

在"十一五"规划期间，北京市的工业发展也有了全新的定位。

产业结构上——积极推进产业结构调整（抓住首钢搬迁机遇，优化产品结构，积极采用高新技术、先进适用技术调整改造传统产业；继续坚决清理整顿"五小"企业，突出产业选择性，坚决推动现有高能耗、高物耗、高污染、低附加值产业逐步退出）和高新技术产业化进程（提高高新技术产业核心竞争力和经济效益，着力发展高端、高效、高辐射力产业，占领产业发展的制高点。到2010年，高新技术产业增加值占全市工业的比重达到40%左右，现代制造业增加值占全市工业增加值的比重达到65%左右）。

北京是中国的政治、文化与国际交往中心，是综合性产业城市。中共北京市委、市政府提出了"首都经济"的概念。循着北京经济发展要立足北京、服务全国、面向世界的思路，对经济结构和布局进行调整，经济增长方式转变，国民经济持续快速增长，综合经济实力保持在全国前列。

高新技术产业和郊区工业园

为了北京现代化的高速发展，为了不断增强国际竞争力和服务功能，北京一方面加大了基础设施的建设，一方面积极发展高新技术产业，越来越成为人地协调发展的国际性现代化大都市。在北京"十一五"规划当中大力发展高新技术产业也成为今后的重点发展目标，具体就是要打造环城高新技术产业带——以中关村海淀园、丰台园、昌平园、电子城、亦庄科技园、八大处和大兴生物医药产业基地等高科技园区作为北京高新技术产业发展的主要空间，进一步完善高科技园区的基础设施建设和软环境建设，培育高科技产业群，打造高新技术产业带，建设全国知识创新中心、技术研发基地和科技成果转化基地，提升北京工业技术创新能力。

北京市另外一个重点工业发展方向就是建设多个特色工业园区。北京现有各类工业（科技）园区 31 个，总规划面积 255 平方千米。其中 30 个坐落在北京郊区，它们是：国家级开发区 4 个，包括北京经济技术开发区，北京新技术产业开发区海淀园区、丰台园区、昌平园区（简称一区三园）。经北京市政府批准的工业（科技）园区有：北京市西三旗高新建材城；朝阳区望京工业区、东部旅游经济开发；石景山区八大处高科技园区；门头沟区石龙工业区；房山区良乡卫星城工业开发区、燕山东流水工业区；通州区张家湾工业开发区、永乐经济开发区、次渠工业区；大兴县大兴工业开发区、念坛经济开发区；昌平县民办科技园区；怀柔县雁栖工业开发区、凤翔科技开发区、农业经济开发区、中国乡镇企业城、民营经济开发区；平谷县滨河工业区、兴谷经济开发区；密云县密云县工业开发区；顺义县林河工业区、吉祥工业区、天竺空港工业区；延庆县南菜园工业开发区、八达岭经济开发区。

▼北京中关村标志性雕塑 DNA

▤ 工业发展举措

针对现有工业发展中存在的问题，北京市工业发展的主要应对措施集中在这样几个方面：

第一，明确产业发展导向。按照落实科学发展观、走新型工业化道路的要求，鼓励发展高新技术产业和高端、高效、高辐射力的现代制造业。坚持产业发展"有进有退"的原则，调整、改造和淘汰不符合首都功能定位和布局要求的产业。例如坚决退出高能耗、高物耗、高污染、低附加值产业；坚决关闭破坏资源、污染环境和不具备安全生产的"五小"企业（小发电厂、小炼油厂、小水泥厂、小玻璃厂、小钢铁厂）。

第二，推进工业布局调整。根据城市区域功能定位，确定产业差别化发展战略。在城市中心区要保护性开发现有工业建筑，促进创意产业集聚；城市发展新区要重点发展高新技术产业和制造业中的高端产业；生态涵养发展区重点发展劳动密集型的食品加工、时装加工等环境友好型都市产业。同时加快工业向郊区转移，转变郊区产业结构。还要加强产业开发区功能建设，提高产业开发区水平。

第三，增强自主创新能力，积极实施品牌战略。一方面，通过加强对企业自主创新的支持，以增强企业自主创新能力，并促进高新技术成果产业化；另一方面，加大品牌战略实施力度，通过制定加强工业品牌建设的措施，构建强有力的品牌培育平台，提升北京制造业的品牌孕育能力。

第四，转变经济增长模式，发展循环经济。今后发展中要坚决贯彻"资源节约"和"环境友好"的要求，淘汰落后发展模式，提高资源使用效率，实现地区可持续发展。

第五，强化区域经济合作，实现区域互惠共赢。在区域经济合作和经济圈建设中，北京市要发挥核心城市的带动作用，深化京津冀都市圈经济合作，积极优化发展环境，促进区域间经济共同发展。

魅力羊城——广州市

● 知识链接 ✓

　　广州市，中国大陆第三大经济城市，广东省省会，华南地区政治、经济、科技、教育和文化中心，中国最重要的交通枢纽之一。广州市地处中国大陆南方，广东省的中南部，珠江三角洲的北缘，接近珠江流域下游入海口。西江、北江、东江水道在此汇合，毗邻港澳，东连惠州市、东莞市、西邻佛山市、中山市，北通清远市、韶关市、南濒南海。其地理位置优越，亦是"海上丝绸之路"的起点，被称为中国的"南大门"。广州市下辖荔湾区、越秀区等 10 区和增城市、从化市 2 个县级市，全市面积 7434.4 平方千米，市区面积 3843.43 平方千米，常住人口 1018.2 万人。

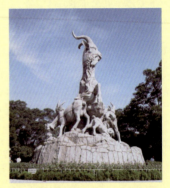

▲广州越秀公园的五羊石像

综合发展条件评述

　　本书在前文介绍珠江三角洲工业基地的时候已经对包括广州市在内的区位条件进行了深入细致的分析，为了避免重复，在这里单独介绍广州市区位发展条件的时候，本着简洁和概括的原则只做一般性的说明，读者朋友们可以前后对照着进行了解。我们仍旧从自然和社会经济条件两个方面进行叙述。

　　气候环境优越。广州地处亚热带，横跨北回归线，年平均温度 22℃，气候宜人，是全国年平均温差最小的大城市之一。属亚热带季风气候，由于背山面海，具有温暖多雨、光热充足、夏季长、霜期短等特征。全年水热同期，雨量充沛，年均降雨量为 1982.7 毫米，平均相对湿度为 68%，利于植物生长，为本区发展农业和花卉业提供了极好的条件。但自然灾害威胁也较大，台风、暴雨、寒潮、雷电、雾霾等灾害性天气常给工农业生产、交通运输等带来不利的影响。

丘陵地形，土壤肥沃。广州属丘陵地形，地势东北高，西南低，北部和东北部是山区，中部是丘陵、台地，南部是珠江三角洲冲积平原。中国的第三大河——珠江从广州市区穿流而过，形成的冲积平原土壤肥沃，极有利于农业生产，从而为轻工业生产提供原料来源。

水资源丰富。鉴于气候条件，广州市地处南方丰水区，境内河网密布，河流水系发达，大小河流（涌）众多，水域面积广阔。珠江及其支流不但提供了丰富的水资源，而且还蕴藏着巨大的水能资源，这为本区工业发展提供了充足的电力和动能。

矿产资源丰缺明显。广州市的地质构造相当复杂，有较好的成矿条件。已发现矿产47种、矿产地820处，其中大、中型矿床18处。主要矿产有建筑用花岗岩、水泥用灰岩、陶瓷土、钾、钠长石、盐矿、芒硝、霞石正长岩、萤石、大理石、矿泉水和热矿水等。区内能源矿产和有色金属矿产十分短缺，呈零星分布，规模较小，品位不稳定。

▲广东广州，从广州塔（小蛮腰、广州新电视塔）俯瞰猎德大桥，桥梁左上方为猎德村

　◆广州是华南地区的海陆空交通中心，由公路、铁路、水运、航空等现代化交通运输方式构成了发达的对外联系的交通网络。

——广州港是中国第三大港口，也是珠江三角洲以及华南地区的主要物资集散地和最大的国际贸易中枢港，现已与世界170多个国家和地区的500多个港口有贸易往来，2006年货物吞吐量达1.67亿吨。

——广州有四通八达的铁路网络。境内有京广复线、广茂线、广梅汕线、广深电气化铁路、广九准高速铁路，以及建设中的广珠澳高速铁路、贵广高速铁路、南广高速铁路、武广客运专线（京港高速铁路一部分），并且京广、广深、广茂和广梅汕铁路在此交汇，还有规划建设中的杭广快速铁路、广深港高速铁路。

——广州有发达的公路运输网。公路运输已基本形成以市区为中心，105、106、107、324、205国道为骨架，以三道环线为系带，连接各条国道，贯通广东省内98%以上的县、市、镇，并接邻近省、市的公路网络。此外，最重要的高速公路有广清高速公路（广州—清远）、京珠高速公路（北京—珠海）等已建路线以及目前规划在建的广河高速公路（广州—河源）、广深沿江高速公路（广州—深圳）等线路。

——广州是我国三大航空枢纽之一。广州白云机场始建于20世纪30年代，是国内三大航空枢纽机场之一，旅客吞吐量居全国第三，在中国民用机场布局中具有举足轻重的地位。

科技力量雄厚。广州市是华南地区最多高校的地方，依托中山大学、华南理工大学、暨南大学、广东工业大学等知名高校资源，技术和人才优势明显。

区域经济一体化加速。CEPA的实施、中国－东盟（10＋1）自由贸易区的推进和泛珠三角（9+2）经济合作的加强，使广州市的地缘优势更加突出，经济发展的空间和腹地进一步拓展。

此外，本区是全国农村剩余劳动力转移的重要城市，劳动力资源充足；靠近港澳，又是侨乡，加上国家沿海开放政策的支持，这里发展的有利因素的确很多。

≡ 工业发展特色

改革开放以来，广州经济建设取得了显著成绩，工农业生产持续稳定地增长，对外经济贸易蓬勃发展。三十多年来，全市国民经济以年均14%的速度持续增长，综合经济实力居全国大陆所有城市第三位。广州已成为工业基础较雄厚，第三产业发达，国民经济综合协调发展的现代化大城市。

广州是全国重要的工业基地、华南地区的综合性工业制造中心，多年的发展业已形成了门类齐全、轻工业较为发达、重工业有一定基础、综合配套能力、科研技术能力和产品开发能力较强的外向型现代工业体系。

汽车制造业、电子产品制造业和石油化工工业是广州市的三大支柱产业，随着先进技术的引进，轻纺、食品、医药、建材等传统行业升级换代，以电子通信、家电、精细化工、石油化工等行业领头的许多新兴产业及高科技产业迅速发展。广州工业在全市国民经济中占有重要地位，工业增加值在全市国内生产总值中的比重超过 1/3。由此可见，广州市的工业在全市的经济总量中占据着主要的位置，而且广州工业在珠江三角洲、华南地区乃至东南亚一带都具有明显的比较优势。

目前，广州重点建设了一批高新技术产业园区和工业园区，主要包括广州经济技术开发区、广州保税区、广州高新技术产业开发区、广州南沙经济技术开发区和广州出口加工区。这些产业园区既是广州市对外开放的重点区域，也是广州市经济增长的制高点和主要推动力量。

——广州经济技术开发区。是国务院批准成立的首批 14 个国家级开发区之一，位于广州市的东部，穗港澳黄金三角洲的中心地带。至 2000 年底，该开发区规划面积已由 1984 年的 9.6 平方千米扩大到 88.77 平方千米，分成西区、东区（出口加工区）、永和经济区（广州台商投资区）和广州科学城 4 个区域。

——广州高新技术产业开发区。是 1991 年 3 月经国务院批准成立的首批国家级高新区之一，地处广州市东部。为加速广州高新技术产业的发展，1997 年广州市政府对其管理体制进行了调整，形成由广州科学城、天河科技园、黄花岗科技园和民营科技园组成的"一区多园"的新格局。建成区面积近 28 平方千米。现已形成光电子、生物医药、特种钢、汽车、食品、饮料、精细化工、电子及电器制造、机械制造、包装材料等主要产业链，成为广州市吸引外资、发展现代工业和高新技术产业、开展对外贸易的主要基地、重要的经济增长点，主要经济指标在全国开发区中始终名列前茅。

▲广州经济技术开发区东区

◆广州出口加工区。是 2000 年 4 月经国家批准成立的首批 15 个出口加工区之一，位于广州经济技术开发区东区内。出口加工区的主要职能定位为，海关对进出口加工区的货物，及区内相关场所进行 24 小时监管的特殊封闭区域，在出口加工区内可设立：出口加工企业；专为出口加工企业生产提供服务的仓储企业；经海关核准专门从事加工区内货物进出的运输业。

工业发展未来规划

根据广州市国民经济和社会发展规划，广州市的工业发展也有了更为明确的方向和构想。

构建现代产业体系。致力于推动工业向技术资金密集和集群化转型，服务业向现代经营方式和现代服务业转型，农业向都市农业转型；构建以高新技术产业为龙头，重化工业、装备工业和传统优势产业为主体，现代服务业为支撑，都市型农业相协调，与现代化大都市发展相适应的现代产业体系。其中主要包括：实现由软件产业、新材料产业、环保能源产业等构成的高新技术产业的跨越式发展；打造具有强大竞争力的汽车、石油化工、电子信息制造和生物医药四大支柱产业群；改造提升钢铁、船舶制造、机械装备制造、电力、造纸、轻纺等传统优势工业。

调整优化产业布局。以"产业集聚、用地集约"为目标，按照市场主导与政府引导相结合、产业布局调整与城市功能配置相结合的原则整体优化产业布局；积极发挥各产业园区优势，引导专业化发展和差异化竞争；依据工业用地容积率、单位土地投资密度和投入产出率等指标，提高土地使用效率，建立布局合理、功能明确、分工协调、竞争有序的产业区域布局体系。

知识链接 ⊙

形成"一核三极"的发展格局，即由一个核心区、三个增长极、多个扩散点组成的高新技术产业空间布局。核心区以广州科学城、天河软件园为中心，形成以电子信息和生物医药为龙头的高新技术产业群；发挥核心区辐射效应，形成南部海港、北部空港和城市中心建成区为支撑的三个高新技术产业增长极。

南国明珠——深圳市

一九七九年那是一个春天

有一位老人在中国的南海边画了一个圈

神话般地崛起座座城

奇迹般地聚起座座金山

春雷啊唤醒了长天内外

春辉啊暖透了大江两岸

啊，中国；啊，中国

你迈开了气壮山河的新步伐

你迈开了气壮山河的新步伐

走进万象更新的春天

——《春天的故事》歌词节选

这首熟悉的旋律，会令读者朋友们想起什么呢？对！这是说的邓小平同志与改革开放的历史。在这段历史当中，有一个地方曾经还是一个小渔村，却一夜间崛起为经济特区；有一个地方曾经默默无名，如今已是中国速度的代名词。它，就是我们将要了解的深圳市。让我们走进深圳，去了解那非凡的一切吧！

深圳市，别称鹏城。是珠江三角洲的海滨城市，地处珠江口东岸，是广东省省辖市，国家副省级计划单列城市。位于祖国的南疆，广东省南部，毗邻香港。东临大亚湾与惠州市相连，西至珠江口伶仃洋与中山市、珠海市相望，南至深圳河与香港毗邻，北与东莞市、惠州市接壤。全市下辖福田区、罗湖区、南山区、盐田区、宝安区、龙岗区6区和光明新区、坪山新区2个功能区，总面积2020平方千米。

深圳经济特区是深圳市所辖的一部分，东起大鹏湾背仔角，西至珠江口的安乐村，南临深圳河，北靠梧桐山、羊台山山脉，面积为395.81平方千米，东西长49千米，南北宽平均。

≡ 区域发展条件综述

鉴于深圳处于珠江三角洲工业基地的一部分，而本书在前文已经对珠三角工业基地的区位条件介绍的比较详细了，因此，在这里只介绍深圳比较突出和特别的区位条件。

背江面海的区位优势。深圳是中国口岸最多和唯一拥有海陆空口岸的城市，是中国与世界交往的主要门户之一。深圳背靠珠江口，面朝南海，便于实现海陆运输对接，对外联系十分方便。加之气候优势，本区水源充足，极有利于发展航运和为工业提供动能资源。深圳也是我国著名的港口城市之一，目前深圳港航道由蛇口港区（浅水航道可进出 5000 吨级船舶，深水航道可进出 5 万吨级船舶）、赤湾港区（可通航 3.5 万吨级船舶）、东角头港区（可通航 3 万吨级船舶）和盐田港区（航道为天然航道）构成。城市化水平较高，发展较快，支撑工业发展能力突出。目前深圳是全国第四大城市、全球第五大金融中心，有着强劲的经济支持与现代化的城市基础设施，其城市综合竞争力位列内地城市第一。就此一点，许多城市都不具备这样的优越性。此外，在珠三角城市群中，深圳市的地位举重若轻，区域间的协调发展和紧密联系也为其工业发展提供了更为广阔的空间和展现的舞台。

临近港澳的优势已是老生常谈了，但是伴随着珠港澳跨海大桥的建成、泛珠三角经济区域合作的实现以及海西经济圈的建成，我们有理由相信深圳将在与港澳台和其他区域的经济合作交流中发挥更大的作用。由此可见，具备优势只是表面，怎么具体利用才是关键。

国家对外开放政策实施使得深圳成为受惠者，这一点毋庸置疑。深圳位于沿海，具有对外"窗口"作用，因此国家选定深圳建设经济特区。从此才造就了"深圳速度"，并成就了深圳的奇迹之旅——"在短短的 30 年里，深圳从一个小渔村发展成为初具规模的现代化城市，创造了世界城市化、工业化和现代化的奇迹"。

工业发展特色

从大的方面来看，深圳市的经济地位很突出。深圳地处珠江三角洲前沿，是连接香港和中国内地的纽带和桥梁，是华南沿海重要的交通枢纽。经济特区建立以来，深圳由一个边陲小村发展成为在中国高新技术产业、金融服务、外贸出口、海洋运输、创意文化等多方面占重要地位的城市。深圳经济特区在中国的制度创新、扩大开放等方面承担着试验和示范的重要使命。

目前，深圳市工业结构进一步优化，形成了以高新技术、先进制造业为基础，以现代服务业为支撑的新型产业结构体系。尤其是近年来，以钟表加工制造业、家具制造业、黄金珠宝首饰业、纺织服装业、皮革业、印刷业等组成的传统优势产业进一步增强发展；高新技术产业（包括电子信息产业、光学电子产业、仪器仪表业和自动化业）、纺织服装业等主要产业支柱地位进一步巩固；机械制造业和电力工业等重工业所占比重也有所提高。一个轻重工业协调发展与高新技术产业强劲兴起、传统优势产业与主导产业并存的工业发展格局也已构建成型，成为深圳经济发展的发动机。

我们选取黄金珠宝首饰加工业和电子信息产业作为深圳工业发展的典型代表，来具体了解一下它们对深圳工业发展和国民经济所做的贡献。

◆黄金珠宝首饰加工业

中国最大的珠宝加工基地在深圳，国内有80%以上的首饰加工业务都在那里完成。深圳市黄金珠宝产业集聚地则以深圳市罗湖区布心路、田贝四路、翠竹路以及文锦北路组成的长方形区域为核心区。核心区面积达57万平方米。目前，该区域从事珠宝首饰加工和销售的企业近500家，占深圳市黄金珠宝企业的三分之一，集中了深圳珠宝业近七成的生产及交易量，已成为全国珠宝商来深圳采购、加工、交易的首选之地。

◆电子信息产业

深圳市电子信息产业的产值约占全国电子信息产业的1/6，是当之无愧的全国电子信息产品制造基地和配套中心，也是中国最主要的电子信息产业基地。

近年来，深圳市着力于新型显示器件、集成电路、汽车电子等行业的重

大项目和产业集聚基地的建设。2007年，深圳市电子信息产业快速增长。年内，深圳市电子信息产业实现工业增加值近200亿美元，同比增长21.2%，比全市工业增加值增速快了6.2%，

▲ 2004年4月13日，深圳市康佳集团总部的提货处

占全市规模以上工业增加值的49%；深圳市电子信息产业规模约占广东省的56.5%，约占全国的1/6。电子信息产业对全市规模以上工业增加值的增长贡献率达59.6%，电子信息产业增加值的比重比上年提高1.8个百分点，继续成为拉动深圳市工业增长的主力军。

深圳市凭借强大的自主创新能力和完善的技术研发体系，逐渐发展成为中国高新技术成果转让、交易的"窗口"，同时也成为全国性的电子、钟表、家具、农产品等多项专利产品的货物集散中心。深圳市还实施企业产品品牌战略，形成了一大批拥有名牌产品的大企业集团和企业群体，如金威啤酒、

▲华为技术公司展区，第十二届中国（天津）信息技术博览会

发展中的困惑与跨越

▲信兴广场地王大厦，位于深圳市罗湖区蔡屋围金融中心区，是一座集写字楼、公寓及购物中心于一体的综合建筑，是深圳市的标志性建筑。建筑总面积达 266784 平方米，采用双柱形塔楼设计，是深圳最高的建筑物。大厦由 68 层的商业大楼、32 层的商务公寓、5 层的购物中心及 2 层地下停车场组成，楼高 384 米，占地 18734 平方米，总建筑面积 27 万平方米，总投资 40 亿港币

康佳彩电、长城计算机、创维彩电、BELLE 皮鞋、富安娜床上用品、泰丰电话、天王表、飞亚达手表、依波表等 12 种产品先后获得"中国名牌产品"殊荣。这种集团式品牌优势在全国各大中城市中居于第二位。

深圳已成为中国高新技术产业基地和区域性金融中心、信息中心、商贸中心、运输中心及旅游胜地。深圳是中国经济改革和对外开放的"试验场"，率先建立起比较完善的社会主义市场经济体制，创造了世界工业化、城市化、现代化史上的奇迹，是中国改革开放 30 年以来辉煌成就的精彩缩影。这一点我们不得不承认，也因为如此，才有了人们眼中的"深圳速度"和"深圳模式"。

无疑，"深圳速度"带来的直接效益是深圳市整个社会发展和国民经济的巨大进步，并且由此演化为其他城市争相仿效的一种"深圳模式"。但是随着它的一些弊端逐渐显现（见前文所述），以及 2008 年以来整个世界经济形势的差强人意，使得深圳的发展陷入困惑中，也促使人们不得不重新思考如何改变这种不利的境况。

跨越往往发生在历史的拐点中，超脱也大多在经历挫折后。按照科学发展观的要求，深圳的发展今后将不再以 GDP 论英雄，不简单地拼规模、拼速度、拼 GDP 增长，而是要更多地重视经济发展中资源节约、环境保护、社会公平以及人的发展等问题，以实现经济、社会、环境的全面、协调、可持续发展。自此，深圳进入了以科学发展观为统领的新的发展时期，有人把它形象地叫做"效益深圳""和谐深圳"时期。

除此之外，深圳正在加大创新投入，再造一个新的"深圳模式"。这个新模式的生命线就是创新，唯有创新才能使新的模式更具活力。为了达到预定目标，深圳推出了我国第一部国家创新型城市规划方案，鼓励作为创新主体的企业加快自主创新步伐；同时以高新技术改造提升优势传统产业，重点支持由互联网技术和通讯技术催生的新业态，促进高新技术产业的进一步集聚，逐步形成以高端化、集群化、总部型、创新型为主要特征的现代产业体系，全面提升城市的产业竞争力。

涅槃才能焕发新生，浴火方可再现真我。一路走来，细读鹏城多少往事，都已成昨；企望明朝，南国明珠无尽遐想，却待寻找。

津门环望——天津市

　　"竹板这么一打，哎，别的咱不夸。我夸一夸，这个传统美食狗不理包子。这个狗不理包子，它究竟好在哪？它是薄皮儿、大馅儿、十八个褶儿，就像一朵花。这是形容包子，你可不能乱用呀。说这个姑娘长的美，就像一朵花，你可千万不能说这个姑娘长的像包子！"——天津快板台词

　　欢快搞笑的快板声中，我们对天津印象变得深刻起来了。的确，很多城市很多地区往往让我们首先记起的都是那些比较特别的东西。写一写天津市吧，作为本书这一部分选取的最后一个工业城市，又会给我们带来什么样的感受呢？

　　● 知识链接 ✓

　　天津市是中华人民共和国四个中央直辖市之一，地处华北平原东北部、海河流域下游、环渤海湾的中心（大陆海岸线北部的渤海湾），东临渤海，北依燕山。距首都北京120千米，历来战略价值极为重要。天津市下辖15个区和3个县，全市面积11760.26平方千米，市区面积4334.72平方千米，天津市拥有中国四大工业基地之一的环渤海工业基地和全国第三大外贸港口天津港，是我国北方地区最大的沿海开放城市、近代工业的发源地、近代北方最早对外开放的沿海城市之一、我国北方的海运与工业中心，也是中国重要经济、金融、贸易和航运中心。

▤ 工业发展条件综述

　　天津市位于中国北方地区，属于温带季风性气候，四季分明，春季多风，干旱少雨；夏季炎热，降水集中；秋季气爽，冷暖适中；冬季寒冷，干燥少雪。全年日照、热量和降水相对丰富。本区在地形上属于华北平原，地形平坦，冲积而成的土壤较为肥沃。在地形和气候条件的影响下农业生产发达，不仅很好地支援了工业的发展，也为城市发展和居民生活提供了基本的物质需求。

　　天津市自然资源储量比较丰富，已探明的金属矿、非金属矿和燃料矿有

20多种，再加上临近海洋，近海大陆架油气、生物等资源比较丰富。天津拥有著名的大港油田和长芦盐场，再加上靠近周边资源产区，工业发展所需的原料、燃料资源获取较为便利。

　　天津具有临海的优势，又是北方地区陆上交通重地。本区海陆空交通便捷，铁路、公路四通八达。特别是天津港的作用巨大，目前，天津港与170多个国家和地区的300多个港口保持贸易往来，是连接亚欧大陆桥距离最近的东部起点。2005年，天津港货物吞吐量达到2.4亿吨，位居世界港口前10位，集装箱吞吐量达到480万标准箱。再加上众多的高速公路、国道和城际间高铁（京津城际间高铁已经开通），组成了四通八达的交通运输网络。在它的串联和带动影响下，天津市的经济腹地十分宽广，对内可以辐射华北、东北、西北13个省市自治区，对外面向东北亚市场。

　　天津处于京津冀都市圈的核心地带，市场广阔，彼此间经济联系紧密，

▲天津滨海国际机场

便于调剂余缺，互惠互利。从大的区域角度来看，这有利于本区工业的发展。同时，区域间紧密的联系还为本区带来了工业发展所必需的劳动力、资金和技术。例如临近首都，那里众多的高校和教育资源可以为本区所用。换言之，判断一个区域发展的有利因素，应当放到整个大环境里审视，不能孤立地看待。也只有这样以整体为出发点，才能更好地发挥天津应起的作用。

再回到区域内部，天津滨海新区等一系列区域开发项目，不能忽视了政策引导的积极意义。也只有区域内先整合有利资源，统一思想，形成一个强有力的整体，才能更好地在外部环境中提高竞争力。滨海新区等项目的实施与开展，也必然会给工业的结构优化与合理布局带来好处。

以上就是天津市工业发展的主要优势条件简略综述，我们也不能忽视一些限制性因素的影响。主要的限制性因素有这么几个：一是水资源的缺乏，不得不依赖于南水北调解决；二是地面沉降、土壤盐碱化等地质环境问题；三是工业产生的生态破坏和环境污染问题（海河水污染）；四是一些自然灾害的影响，如沙尘暴、海河洪水灾害等。

▲天津，沙尘暴

▼天津，海河两岸

≡ 工业发展特色

　　近年来，天津市以产业结构调整为主线，工业走出了一条嫁接、改造、调整的创新之路。一方面，传统产业结构得到优化和升级；另一方面，形成了以电子信息、汽车、冶金、化工等工业部门为代表的优势产业群。其中，高新技术产业占全市规模以上工业总产值的比重达到33%，电子信息产业成为第一大支柱产业，生物技术与现代医药、新能源、化工等骨干行业发展势头强劲。除此之外，还拥有石油套管、OTIS（奥的斯）电梯、夏利汽车等一批名牌"尖子"产品，并且市场不断拓宽，钢管公司、天铁集团、医药集团、天士力集团、磁卡集团、天大天财股份有限公司、南开戈德集团等为首的一批大型工业企业集团日益发展壮大。工业已成为拉动天津经济增长的重要力量。

　　总之，作为我国近代工业发源地和北方地区重要工业中心的天津市，从新中国成立初百废待兴到改革开放后的日益发展中，成绩是突出的。这主要体现在城市规划建设、三次产业结构优化升级、内外交通建设、区域经济合作、主体功能区建设等多个方面上。尤其是滨海新区的建设和发展更是其中突出的亮点。

▲天津一汽轿车展示

● 知识链接 ✓

在《天津市城市总体规划（2005—2020年）》中提出的未来工业发展战略目标和战略方向是：走新型工业化道路，加快形成以支柱产业和高新技术产业为主体，以都市型工业为重要补充的新型工业结构。继续壮大石油和海洋化工、汽车和装备制造、现代冶金等支柱产业，重点开发高新技术产业，与周边省市形成布局合理、衔接紧密、聚集效应强的产业集群。同时，工业发展过程中还要充分利用天津市既有的雄厚的产业基础，发挥资源、交通、科技人才和对外开放等方面的优势，发展壮大支柱产业和高新技术产业，加快建设现代制造和研发转化基地；要完善自主研发体系，提高自主创新能力，建设一批高水平的技术研发中心和高科技企业孵育基地，从而为未来天津市构筑高层次产业结构打下坚实的基础。

滨海新区规划建设

天津滨海新区包括塘沽区、汉沽区、大港区三个行政区和天津经济技术开发区、天津港保税区、天津港区三个功能区以及东丽区、津南区的部分区域（指海河下游冶金工业区——东丽区无瑕街和津南区葛沽镇），规划面积2270平方千米。天津滨海新区是全国唯一聚集了港口、国家级开发区、保税区、海洋高新技术开发区、出口加工区、区港联动运作区和大型工业基地的地区，具有体制创新优势。实际上天津滨海新区就是改革创新的产物，改革创新成为新区发展的不竭动力。在2006年，国务院批准天津滨海新区为全国综合配套改革试验区，滨海新区在改革创新的道路上加速前行，大胆先行先试，综合配套改革进展顺利，在涉外经济体制、金融、土地等方面都取得了重大的突破。经过十多年的开发建设，天津滨海新区已经具备了进一步加快发展的条件和基础。

滨海新区目前的功能定位是：依托京津冀、服务环渤海、辐射"三

▲天津港保税区－空港

▲天津市，天津经济技术开发区

北"、面向东北亚，努力建设成为我国北方对外开放的门户、高水平的现代制造业和研发转化基地、北方国际航运中心和国际物流中心，逐步成为经济繁荣、社会和谐、环境优美的宜居生态型新城区。

国务院关于"推进天津滨海新区开发开放有关问题"的意见中明确指出了滨海新区开发建设的重要意义，本书借以引用与读者朋友们分享。

——推进天津滨海新区开发开放，有利于提升京津冀及环渤海地区的国际竞争力。天津滨海新区位于环渤海地区的中心位置，内陆腹地广阔，区位优势明显，产业基础雄厚，增长潜力巨大，是我国参与经济全球化和区域经济一体化的重要窗口。推进天津滨海新区的开发开放，促进这一地区加快发展，可以有效地提升京津冀和环渤海地区的对外开放水平，使这一地区更好地融入国际经济，释放潜能，增强竞争力。

——推进天津滨海新区开发开放，有利于实施全国区域协调发展总体战略。经过十多年的发展，天津滨海新区的综合实力不断增强，服务功能进一步完善，是继深圳经济特区、浦东新区之后，又一带动区域发展的新的经济增长极。天津滨海新区的开发开放，有利于促进我国东部地区率先实现现代化，从而带动中西部地区，特别是"三北"地区发展，形成东中西互动、优势互补、相互促进、共同发展的区域协调发展格局。

▲天津大港油田的油井

——推进天津滨海新区开发开放，有利于探索新时期区域发展的新模式。在经济全球化和区域经济一体化进程加快，我国全面建设小康社会和构建社会主义和谐社会的新形势下，把握国际国内形势的变化特点，用新的思路和发展模式推进天津滨海新区的开发开放，有利于全面落实科学发展观，实现人与自然和谐相处，走出一条区域创新发展的路子。

知识链接 ⓥ

滨海新区着力构建科学合理、效应聚集、城镇与功能区相配套、人口与资源环境相协调的布局体系，确定了"一轴""一带""3个生态城区""8个功能区"。

——"一轴"：沿京津塘高速公路和海河下游建设"高新技术产业发展轴"。

——"一带"：沿海岸线和海滨大道建设"海洋经济发展带"。

——"3个生态城区"：建设以塘沽城区为中心、大港城区和汉沽城区为两翼的3个宜居生态型新城区。

——"8个功能区"：先进制造业产业区，规划面积97平方千米，重点发展电子信息、机械制造、现代冶金等先进制造业；临空产业区，规划面积102平方千米，重点发展航空运输、加工物流、民航科技研发与产业化、航空设备制造和维修等；滨海化工区，规划面积80平方千米，重点发展石油化工、海洋化工和精细化工；滨海高新技术开发区，规划面积25平方千米，重点围绕我国科学技术的长远规划，突出自主知识产权的研发、培训和科技成果转化；海港物流区，规划面积100平方千米，重点发展海洋运输、国际贸易、现代物流、保税仓储、分拨配送及与之配套的中介服务业；中心商务商业区，规划面积10平方千米，重点发展金融保险、商务商贸、文化娱乐、会展旅游；海滨旅游区，规划陆域面积45平方千米，海域面积75平方千米，重点发展滨海旅游、休闲度假和湿地生态旅游；临港产业区，规划面积为150平方千米，重点结合建港造陆发展物流加工等临港产业。

结语与展望

1949年新中国成立后，天津作为直辖市，经济建设和社会事业全面发展，进一步巩固了中国重要的综合性工业基地和商贸中心的地位。改革开放以来，天津的港口优势不断增强，对外交往进一步扩大。进入新世纪，天津人民正以饱满的热情、昂扬的斗志，勇于开拓、奋发图强，努力把天津建设成为现代化的国际港口大都市和中国北方重要的经济中心城市。

在《天津市城市总体规划（2005-2020）》中，天津的城市性质被确定为：是环渤海地区的经济中心，要逐步建设成为国际港口城市、北方经济中心和生态城市。同时规划还定位了天津的城市职能：现代制造和研发转化基地；我国北方国际航运中心和国际物流中心，区域性综合交通枢纽和现代服务中心；以近代史迹为特点的国家历史文化名城和旅游城市；生态环境良好的宜居城市。

最后，规划还明确了天津市未来的城市发展目标——将天津建设成为技术先进、制造业发达、服务水平一流、综合竞争力强、对外开放度高、创业环境优越的我国北方经济中心；适应全球一体化发展趋势、对外联系便捷、信息网络高效、辐射能力强的国际港口城市；资源利用高效、安全体系完善、生态环境良好、宜人居住的生态城市；历史文化底蕴深厚、近代史迹特色突出、社会和谐、教育文化科技发达的文化名城。对此，我们拭目以待！

五

争奇斗妍——中国主要工业类型

简单地分，可以把我国主要工业类型划分为以下几种类型：

——采矿业。包括煤炭开采工业、石油开采工业、天然气开采工业、各种矿产开采工业等。

——能源工业。主要包括煤炭工业、石油天然气能源工业、电力工业等。

——原材料工业。主要包括冶金工业（如钢铁工业、有色金属冶炼工业）、化学工业（如化肥工业、酸碱工业、有机化学工业，包括石油化学工业、煤化学工业、精细化工工业）、建材工业（如木材、钢材、水泥加工业）等。

——加工制造业。主要包括机械制造工业（如工业设备制造工业、农业机械制造工业、运输机械制造工业，包括汽车制造工业、机车车辆制造工业、船舶制造工业、飞机制造工业）、纺织工业（如棉纺织工业、丝纺织工业、麻纺织工业、毛纺织工业、化纤工业）、轻工业（如食品工业、造纸工业）、高新技术工业（如电子信息产业、网络通讯设备制造业）等。

有一个明显的事实是，现在工业行业的划分标准逐渐归于统一，划分也更加精细和明确。并且随着时代的进步，有许多新的工业类型不断衍生，工业大家庭真的是越来越热闹了。本书只是作了一个简单的介绍，如果读者朋友们有兴趣的话，可以多找些相关的资料进行深入的了解。

另外，随着国民经济发展过程中对工业定位的逐渐明确，我们经常会看到一些工业部门被定性地描述，例如"国家安全的保障"，你知道这是送给谁的称谓吗？（答案是能源工业）这些称谓有的是公众普遍认识的，也有的只是局部范围内的叫法，但是无论是哪一种，毋庸置疑，该工业部门的地位是摆在那里雷打不动的。也就是说，这倒给了本书一个编写的思路，我们不妨沿着这些定性的称谓去看一看中国的主要工业类型。本书选取了其中的四个主要工业类型作为论述对象，既有上面的提示，也有它们的确在我国国民经济发展中占据重要影响力的原因。

这四个选取的主要工业类型是：

——以电力工业为代表的能源工业。

——以钢铁工业为代表的原材料工业。

——以汽车工业和高新技术工业为代表的加工制造工业。

国家工业的发动机——电力工业

能源工业是指开发利用各种能量资源及其转化为二次能源的工业生产部门。例如前面已经提到的石油工业等。改革开放以来，中国能源工业迅速发展，

为保障国民经济持续快速发展作出了重要贡献。但是，随着中国经济的较快发展和工业化、城镇化进程的加快，能源需求不断增长，构建稳定、经济、清洁、安全的能源供应体

▲天津大港油田的油井

系成为我国能源工业面临的头等大事。因此，就有人把能源工业称为"国家安全的保障"，这是一点也不为过的。

鉴于石油工业、天然气工业等能源工业是和相对应的能源矿产分不开的，而本书在前文多次涉及到相关的油田、煤矿，再加上本套书专门有关于能源

▲黑龙江大庆油田

和矿产的介绍，在这里为了避免重复只选取电力工业作为代表。

电力工业的重要地位

　　电力是由一次能源转换而成的优质二次能源，并可方便地转化为机械能、热能、磁能、光能、化学能，从而是现代化生产的物质基础。电力工业是指将煤炭、石油、天然气、核燃料、水能、海洋能、风能、太阳能、生物能等一次能源经发电设施转换成电能，再通过输电、变电与配电系统供给用户作为能源的工业部门。简言之就是生产、输送和分配电能的工业部门，包括发电、输电、变电、配电等环节。

　　电力工业为工业和国民

▲内蒙古兴建中的坑口电站。坑口电站就是处于富煤地区，自身拥有煤矿或离煤矿非常近，从而在煤炭原料的采购、运输、储藏等固定成本支出方面拥有明显压缩空间的电站

经济其他部门提供基本动力，有"国家工业的发动机"之称。因此，任何国家在经济发展中都把电力工业放在十分重要的地位。建国后，我国电力工业的技术装备水平不断提高，实行了水电、火电并举的方针，还大力发展核电以及其他能源电力工业。从电力生产情况看，2006 年全国发电量达到 28344 亿千瓦时，同比增长 13.5%，2007 年全国发电设备容量达 7.13 亿千瓦，同比增长 14.4%，我国已成为全球范围内发电装机规模仅次于美国的第二大电力大国，有力地保障了国民经济的健康稳定发展。

多种多样的电力工业

目前我国电力工业发展迅猛，类型也逐渐多样化，从最初的水电、火电并举，再到后来开发利用核能发电，以及应对能源短缺利用科技进步发展一些新能源发电，例如生物能发电、风力发电、太阳能发电、地热发电等。接下来我们就一同走进电力工业的精彩世界吧。

◆火力发电

火力发电是指利用煤、石油、天然气等固体、液体、气体矿物燃料燃烧时产生的热能，通过发电动力装置（包括电厂锅炉、汽轮机和发电机及其辅助装置）转换成电能的一种发电方式。火力发电按其作

▲ 2007 年 12 月 30 日，山东省一火力发电厂

用分为单纯供电的和既发电又供热的，按原动机分为汽轮机发电、燃气轮机发电、柴油机发电，按所用燃料分为燃煤发电、燃油发电、燃气发电。为提高综合经济效益，火力发电应尽量靠近燃料基地进行。在大城市和工业区则应实施热电联供。在所有发电方式中，火力发电是历史最久的，也是最重要

的一种。在我国，火力发电目前是最普遍的一种发电方式，全国各地大大小小的火力发电厂不计其数。

火力发电厂具有投资规模较小、见效快、建设周期较短的优势；但是它的缺点也很明显，比如布局时要考虑供电地区的用电负荷大小、还必须接近燃料地分布，此外火力发电厂往往会产生严重的环境污染（烟气、粉尘污染大气），还会消耗大量的矿物燃料，一些小火电甚至浪费严重。因此我国在今后的火力发电厂布局上应当遵循的原则和方向是加强资源指向，积极发展和建设坑口电厂，同时加强主要煤炭资源产地变输煤为输电，以提高资源利用效率。

"十五"期间中国火电建设项目发展迅猛。2001年至2005年8月，经国家环保总局审批的火电项目达472个，装机容量达344382MW（兆瓦），其中2004年审批项目135个，装机容量达107590MW，比上年增长207%；2005年1至8月份，审批项目213个，装机容量达168546MW，同比增长420%。如果这些火电项目全部投产，届时中国火电装机容量将达5.82亿千瓦，比2000年增长145%。火力发电仍然是电力工业的主力军。2006年9月28日，浙江北仑发电厂二期工程最后一台600000KW机组顺利通过168小时试运行考核。至此，北仑发电厂二期工程全部建成投产，北仑发电厂总装机容量达到3000000KW，成为目前中国最大的火力发电厂。

随着中国电力供应的逐步宽松以及国家对节能减排的重视，中国开始加大力度调整火力发电行业的结构。"十一五"期间将加大"关小"步伐，到"十一五"末期，关掉4000万千瓦小火电，使电力工业结构发生一个较大的变化。"十一五"期间的火电电源建设，将体现资源优化配置，西电东送，合理布局，东部与中西部地区协调发展。

◆水力发电

水力发电是指利用河川、湖泊等位于高处具有位能的水流至低处（一般位于我国地形阶梯交界处和地势落差较大处），将其中所含之位能转换成水轮机之动能，再利用水轮机为原动机，推动发电机产生电能。水力发电依其开发功能及运转形式可分为惯常水力发电与抽蓄水力发电两种。水电的优点在于它是可再生、成本低廉、无污染的清洁能源，但是开发利用中，自然条件限制较大、一次性建设投资大、建设周期长等缺点也很突出。

中国水电资源得天独厚，堪称世界第一。据 2001 年～2004 年的普查结果，中国水能资源理论蕴藏量达 6.89 亿 KW（千瓦），技术可开发量达 4.93 亿 KW(比 1980 年普查结果 3.78 亿 KW 增加 1.15 亿 KW)，经济可开发量达 3.95 亿 KW。截至 2003 年底，我国水电装机 9357 万 KW，但是开发率却远远低于世界平均水平。因此，在相当长的一个时期内，大力开发水力资源是实现国民经济可持续发展的重要举措。

我国的水力资源主要分布在西南横断山区的金沙江、雅砻江、大渡河、澜沧江、怒江和雅鲁藏布江上，约占我国水能资源总蕴藏量的 70%。此外，珠江红水河河段和黄河上游及北干流都属于水能资源集中区，西北内流区的开都河、伊犁河、黑河以及东北的第二松花江、鸭绿江、东南沿海钱塘江、瓯江、闽江及众多中小河流也有丰富的水能资源。

目前我国水电布局基本形成了北方以黄河为重点、南方以长江干流为重点的基本格局，今后，为了更好地合理开发全国的水资源，国家先后规划了 13 大水电基地，其中 8 个在西南地区。我国比较著名的已建、在建和拟建的水电工程有：三峡水利枢纽 (已建)、溪洛渡水电站 (在建，位于金沙江，将成为中国第二大水电站)、向家坝水电站 (在建，位于金沙江)、龙滩水电站 (已建，位于广西红水河下游)、锦屏水电站 (在建，位于四川雅砻江下游)、糯扎渡水电站 (在建，位于云南澜沧江)、小湾水电站 (在建，位于云南澜沧江中下游)、拉西瓦水电站 (在建，位于青海黄河上游)、二滩水电站 (已建，位于四川雅砻江下游)、瀑布沟水电站 (在建，位于四川大渡河中游)、白山水电站 (已建，位于吉林第二松花江上)、龙羊峡水电站 (已建，位于青海黄河上游)、刘家峡水电站 (已建，位于甘肃黄河上游)、青铜峡水电站 (已建，位于宁夏黄河中游)、小浪底水利枢纽 (已建，位于河南黄河中游)、丹江口水利枢纽 (已建，位于湖北省丹江口市汉江与丹江汇合处)、新安江水电站 (已建，位于杭州建德市新安江镇以西 6 千米的桐官峡谷中)、葛洲坝水利枢纽 (已建，位于湖北长江干流上)、水口水电站 (已建，位于福建省闽清县境内的闽江干流上)、广州抽水蓄能电站 (已建)、天荒坪抽水蓄能电站 (已建，位于浙江安吉县境内) 等。

◆核能发电

核能发电是利用核反应堆中核裂变所释放出的热能进行发电的方式。它与火力发电极其相似，只是以核反应堆及蒸汽发生器来代替火力发电的锅炉，以核裂变能代替矿物燃料的化学能。利用核能发电的最大好处是清洁无污染、效益较高、能源利用率高、正常运转下稳定且安全系数高。但是发电所需核燃料（主要是铀、钚、钍、氘、锂、硼等）比较难以获取，产生的核废料易产生放射性污染，核电站运转成本较高，还要承担一定的核泄露、核放射事故等风险。此外，兴建核电站还容易引发一定的政治纷争。尽管如此，和平开发核能已经成为人类社会共同的认识。

▲ 2002 年，杭州湾边秦山核电站的一期工程

目前，我国已经具备了以我为主的设计和建设百万千瓦级压水堆核电站能力。我国从 20 世纪 70 年代开始筹建核电站就是其中的代表。

◆其他能源发电

目前，中国能源结构仍以煤炭为主体，清洁优质能源的利用比重偏低。为了加大能源结构调整力度，我国正在因地制宜地积极开发和推广太阳光、风能、地热能、潮汐能等清洁能源。本书就为读者朋友们，简单介绍一下我国利用风能、太阳能和地热能发电的相关情况。

由于地面各处受太阳辐照后气温变化不同和空气中水蒸气的含量不同，因而引起各地气压的差异，在水平方向高压空气向低压地区流动，即形成风。地球表面大量空气流动所产生的动能就是风能。风能资源取决于风能密度（单位迎风面积可获得的风的功率，与风速的三次方和空气密度成正比关系）和可利用的风能年累积小时数。利用风能发电的优点在于：利用简单、无污染、可再生；缺点在于：稳定性不大，连续性、可靠性差，时空分布不均。

▲新疆达坂城风力发电场

据估算，全世界的风能总量约 1300 亿千瓦，中国的风能总量约 16 亿千瓦。风能资源受地形的影响较大，世界风能资源多集中在沿海和开阔大陆的收缩地带，如美国的加利福尼亚州沿岸和北欧一些国家，中国的东南沿海、内蒙古、新疆和甘肃一带风能资源也很丰富。中国东南沿海及附近岛屿的风能密度可达 300 瓦每平方米以上，3 米～20 米每秒的风速年累计超过 6000 小时。我国内陆风能资源最集中的区域是沿内蒙古至新疆一带，风能密度也在 200 瓦～300 瓦每平方米，3 米～20 米每秒的风速年累计 5000 小时～6000 小时。这些地区适于发展风力发电和风力提水。新疆达坂城风力发电站 1992 年已装机 5500 千瓦，是中国最大的风力电站。

太阳能一般是指太阳光的辐射能量，在现代一般用作发电。广义上的太阳能是地球上许多能量的来源，如风能、化学能、水的势能等等。利用太阳能发电就是直接将太阳能转变成电能，并将电能存储在电容器中，以备需要时使用。它的优点在于太阳能既是一次能源又是可再生能源，加上太阳能资源丰富，取之不尽、用之不竭，既可免费使用，又无需运输，对环境无任何污染，是一种清洁能源。不过，就目前人类科技发展水平和利用太阳能的整体情况而言，它也存在着明显的缺点：一是能流密度低；二是其强度受各种因素（季节、地点、气候等）的影响不能维持常量，连续性差；三是效率低，成本高。这三大缺点大大限制了人类对太阳能的有效利用。

中国蕴藏着丰富的太阳能资源，西藏西部太阳能资源最为丰富，最高达 2333 千瓦时每平方米（日辐射量 6.4 千瓦时每平方米），居世界第二位，仅次于撒哈拉大沙漠，太阳能利用前景广阔。目前，我国太阳能产业规模已位居世界第一，是全球太阳能热水器生产量和使用量最大的国家和重要的太阳能光伏电池生产国。我国比较成熟太阳能产品有两项：太阳能光伏发电系统和太阳能热水系统。其中太阳能光伏发电应用始于 20 世纪 70 年代，真正快速发展是在 20 世纪 80 年代。

地热能是来自地球深处的可再生热能，它起于地球的熔融岩浆和放射性物质的衰变，地下水的的深处循环和来自极深处的岩浆侵入到地壳后，把热量从地下深处带至近表层。其储量比目前人们所利用能量的总量多很多，大部分集中分布在构造板块边缘一带，该区域也是火山和地震多发区。它不但是无污染的清洁能源，而且它也是可再生的能源。利用地热能发电实际上就是把地下的热能转变为机械能，然后再将机械能转变为电能的能量转变过程或称为地热发电。目前利用的难度较大，投资建设成本也较高，而且利用上的地域差别明显。

近年来，我国地热能的开发利用发展加快，成效显著。总体来看，我国地热能开发利用的市场潜力巨大，发展前景广阔。但同时也面临着技术、设备制造、资源底数不清以及资金支持力度不足等诸多方面因素的制约。羊八井地热发电站是中国最大的地热能发电站，它位于西藏自治区当雄县境内。羊八井海拔 4300 米，其地热田地下深 200 米，地热蒸汽温度高达 172℃。电站自 1977 年第一台机组投入运行，到 1986 年装机容量达 1.3 万千瓦。电机由 5 眼地热井供水，单井产量为 75 立方米～160 立方米每小时，水温为 145 ℃～170 ℃。每年二三季度水量丰富时靠水力发电，一四季

▲西藏当雄县羊八井地热电站

度靠水热发电，能源互补。自 1977 年 9 月建成试验发电以来，目前装机容量已达 25.15 兆瓦，占拉萨电网总装机容量的 41.5%，在冬季枯水季节，地热发电出力占拉萨电网的 60%，成为其主力电网之一。

从中国能源资源结构以煤为主、水电资源丰富，而当前开发程度很低，以及能源资源分布不平衡的基本情况出发，今后二三十年内电力工业的发展方向应是继续着重发展火电，同时大力发展水电，并积极发展核电。

电网

电网是将相近的电厂、送变电站联络起来，形成全国或地区性网络，以便进行统一管理和指挥。确切地说，是指由两个以上发电厂和变电站、送电线路、配电网以及用户所组成的发电、供电、用电的一个整体。它的主要作用是保证发电与供电的安全可靠，调整地区间的电力供需平衡，保持规定的电能质量和获得最大的经济利益。随着电力工业的迅速发展，特别是各国相继建设了大容量火电、水电和原子能电站（核电站），电网的容量愈联愈大。除了在本国形成统一电网外，相邻地区和国家也采取电网互联，组成国际电网。法国在 1946 年设立全国的电力公司，经营全国电业，形成全国统一电网。前苏联的电网是从 1958 年建成古比雪夫大型水电站之后急剧发展起来的。

为了合理组织各种电源实现水、火相济，降低用电最高负荷和电网范围内的周边负荷，提高供电安全可靠性和运行经济效益，减少供电备用装机容量，实现地区间相互调节、支援，我国十分重视电网建设。统计到 1998 年底，全国已建成 35 千瓦（KW）及以上的线路共 656561 千米，变电站容量共 83 427 万千伏安（KWA）。目前，我国形成了华东电网、华北电网、东北电网、华中电网和西北电网五个主要的跨省的大统一电网。除西北网外，其他各网装机均超过 2500 万千瓦；另有 8 个装机在 200 万～2000 万千瓦的省区电网：山东、广东、四川、福建、云南、广西、贵州及新疆，其中广东、广西、贵州、云南四省联营电网已初步形成。大电网的供电范围已覆盖全国大部分地区。

◆华东电网。主要覆盖上海、江苏、浙江、安徽四省市。总体来看，华东电网是一个集水电、火电和核电于一身的电力网，以火电为主，水电站也占据一定的比重。由于区域经济的发展速度快，电网供应能力相对有缺口，不能完全满足区域用电需求。因此，还需要从华中电网、华北电网大量输入水电、火电。一定程度上华东电网还是一个"缺电户"。

◆华北电网。主要覆盖北京、天津、河北、山西、内蒙古自治区五个省区直辖市。该电网居五大电网之首，火电所占比重比较大，水电比重则较小。电力相对比较充裕和富足，是缺电户东北电网，特别是华东电网的主要供电基地。

◆东北电网。主要覆盖黑龙江、吉林、辽宁三省和内蒙古自治区东部地区。相对而言，该电网水电比重高于华北电网，但是整体电力不足，需要从华北电网输电。此外，这里也在设想从邻国俄罗斯购电，以解决电力短缺问题。

◆华中电网。主要包括湖南、湖北、河南、江西四省。由于本电网处于全国统一大电网的中心腹地，再加上世界最大水电站三峡水电站的建成供电，它的地位尤为重要。华中电网大致水电、火电比例相当，火电比例稍微大一些，水电的发展潜力更大。

◆西北电网。主要包括陕西、甘肃、青海、宁夏回族自治区四省区。由于区域内煤炭资源和水力资源比较丰富，因此水电和火电都比较发达，是五大电网中水电和火电比例最为接近的电网。随着西部大开发和"西电东送"工程建设的需要，该电网将承担更大的责任。

▲宁夏石嘴山市电力设施——电网

随着三峡水电站的建成和供电核心地位的确立，我国的五大电网将走向联合和统一，逐渐变为一体，为我国国民经济建设和人民生活发挥更大的作用。但是，我国电网建设还存在着很多问题，例如，少数区域用电负荷过大、经常缺电、城乡电网建设不统一、电网串联度较低等。其中，使我们感同身受的就是每到炎夏用电高峰季节，许多地区因为用电超负荷而不得不采取限电、停电的手段，给生产、生活带来极大的不便。针对以上这些问题，我国正在不断完善电网建设，同时，加强电力工业开发建设，完善"西电东送"相关工程配套建设，以让电力工业能满足我国经济发展的需要。

☰ 西电东送工程

　　在我国现代化建设蓬勃发展的今天，能源紧缺已成为一个突出的问题。尤其是东部地区，随着改革开放事业的不断发展，能源紧缺的矛盾日益尖锐突出，现已成为许多地方经济进一步发展的主要限制性因素。为了缓解能源紧缺的矛盾，除了"西气东输"工程外，"西电东送"也是一项重要举措，要比直接输送能源安全、可靠、清洁、便宜得多。

　　知识链接 ⊘

　　"十五"期间，"西电东送"从南到北，从西到东将形成北、中、南三路送电线路：

　　1. 南部"西电东送"大通道。主要是将西南水电（南盘江、红水河干流、澜沧江干流和乌江干流梯级电站）、坑口电站和三峡水电站开发出来的电力东送至华南地区，形成粤、桂、滇、黔四省（区）和港澳地区的南方电网。目前西南地区东送广东的电力通道已基本形成，当年底电网的输电能力将达到350万—400万千瓦。

　　2. 中部"西电东送"大通道。主要是将长江干支流的水电站（以三峡水电站为核心）开发出来的电力送往华东地区，形成连接川渝、华中和华东的中部电网。

　　3. 北部"西电东送"大通道。主要是将黄河上游丰富的水电和"三西"（山西、陕西、蒙西）的坑口火电送往京津唐地区（华北地区）和山东省，形成连接西北、华北和山东的北部电网。

　　西电东送在中国版图上可谓"遍地开花"，同时，开工的工程之多是史无前例的，单个工程的规模之大也是罕见的。在我国电力建设史上，如此大规模的电源、电网建设也从未有过。西电东送为西部省区把资源优势转化为经济优势提供了新的历史机遇，也将改变东西部能源与经济不平衡的状况，对加快我国能源结构调整和东部地区经济发展，将发挥重要作用，同时还将带动中国设备制造业、电力施工业、建材业等相关产业的发展。

国家工业化的标志——钢铁工业

钢铁工业亦称黑色冶金工业，指生产生铁、钢、钢材、工业纯铁和铁合金的工业，是基础工业之一。钢铁工业是世界所有工业化国家最重要的基础工业部门，也是其他工业发展的物质基础。有了钢铁，就使得我国国民经济的技术改造成为可能；同时，钢铁工业的发展也有赖于煤炭、采掘、冶金、动力、运输等工业部门的发展。由于钢铁工业与其他工业的关系密切相关，因此许多国家都把发展钢铁工业放在十分重要的地位，并把钢铁工业发展与国民经济各部门的发展互相协调起来，保持正常的比例关系。总而言之，钢铁工业是发展国民经济与国防建设的物质基础，钢铁工业的水平也是衡量一个国家工业化的标志。经济学家通常把钢产量或人均钢产量作为衡量各国经济实力的一项重要指标。

▲齐齐哈尔北满特殊钢铁公司，是我国特种冶炼钢铁基地，也是东北老工业基地，目前生产各种特种钢材

中国钢铁工业的资源条件

钢铁工业是庞大的重工业部门。它的原料、燃料及辅助材料的资源状况，影响着钢铁工业规模、产品质量、经济效益和布局方向。铁矿石是钢铁工业的主要原料，焦炭（炼焦煤）是钢铁工业的燃料，此外，钢铁工业还需锰矿、石灰石、白云石、萤石、硅石及耐火材料等辅助材料（据有关资料统计，平均炼出一吨铁需要 1.6 吨辅助材料）。中国要发展钢铁工业就离不开这些资源条件，我们可以通过分析中国在这些资源上的拥有量状况来了解中国钢铁工业发展的前提。

中国铁矿主要集中分布在内蒙古自治区的包头("草原钢城")和白云鄂博、辽宁本溪和鞍山（中国"钢都"）、河北迁安、四川攀枝花（"世界钒钛之都"）、湖北大冶、海南石碌、新疆哈密和莫托沙拉锰铁富矿、云南大红山等地区，此外，其他矿区如贵州水城观音山、赫章铁矿山、独山平黄山和遵义地区、宁夏的石嘴山、广西的灵川和环江、雅脉等地也都有相当的铁矿资源。以储量计，中国拥有全球 14% 的铁矿石资源，位居世界第三，但中国却是全球最大的铁矿石进口国。主要是因为：第一、贫矿多，富矿少，伴生矿多，采选难度大。如白云鄂博就是典型的伴生矿床。第二、铁矿石普遍品位较低。2004 年前后，我国铁矿石平均品位尚有 30%，但近几年开采得非常厉害，国产铁矿石平均品位明显下降，目前，平均品位仅为 25% 左右。因此，我们既要看到中国发展钢铁工业所需铁矿石资源有利的一面，也要为改善存在的问题而付出努力。

再来看看钢铁工业所需的其他辅助材料。锰矿称为黑色金属资源，它是铁合金原料，它能增加钢铁的硬度、延展性、韧性和抗磨能力，同时还是高炉的脱氧脱硫剂。我国锰矿资源相当丰富，储量达 4 亿吨左右，居世界第四位。主要集中分布在西南和东南地区，如广西壮族自治区锰矿总储量占到了全国总储量的 1/3 以上，遍布全区 34 个县市，其中以桂平、钦县最为集中，年产量占全国 50% 左右。贵州锰矿也有相当储量，集中分布于遵义市郊。熔剂石灰石、白云石以及萤石、硅石等矿产，在我国储量也很大，分布比较广，相对集中于中南地区，其中，硅石则以西北地区为最多。

可以说钢铁工业就是建立在上述各种资源条件基础上的，纵观世界上任何国家或者地区的钢铁工业的发展，大多都逃脱不了资源条件的限制。于是，人类早期的钢铁工业在布局上就出现了这么三种普遍类型——靠铁近煤型、移煤就铁型和移铁就煤型。但无论哪一种类型，都属于煤铁复合体型，即钢铁工业的发展是建立在区域具有丰富的煤、铁资源或靠近煤、铁资源产地的基础上的。这种布局方式是钢铁工业早期的普遍布局模式，代表性的钢铁工业基地有美国东北部钢铁工业基地、中国鞍山钢铁工业基地等。但是随着人类社会的发展，特别是大型海运船舶的发明和使用，使得许多没有所需资源条件的国家和地区也能发展钢铁工业了，典型的代表有中国上海宝钢、日本福山等。

至此，钢铁工业的四种布局类型就显现在我们眼前了，读者朋友们不妨把本书下文要介绍的我国十大钢铁工业基地也进行一下归类，看它们分别属于何种布局类型。

◦ 知识链接 ✓

所谓炼焦煤主要指焦炭，它是一种固体燃料，质硬，多孔，发热量高。用煤高温干馏而成，多用于炼铁。在我国，炼焦煤储量较为丰富，品种齐全（包括冶金焦、气化焦、电石用焦），主要集中分布于华北、华东和东北地区。

中国主要钢铁工业基地

新中国成立以来，我国大型钢铁基地的建立遵循着"从历史发展的既成事实出发，起步于原有基础"的原则，充分利用了东部沿海地区原有的钢铁工业基地，在改造和加强沿海钢铁工业基地的同时，循序渐进地建立了相当数量的新基地。我国年产100万吨以上的钢铁联合企业称为大型企业，如鞍钢、武钢、包钢、马钢等企业；年产10万～100万吨的为中型企业；年产10万吨以下的为小型企业。合理配置钢铁工业，对于均衡合理布局生产力具有重要的战略意义。目前，我国形成了十大主要的钢铁工业基地。

1. 上海钢铁工业基地

上海是我国钢铁工业发展最早的地区之一。拥有宝钢及上钢一、三、五厂3个主要炼钢企业、梅山冶金公司及十多个轧钢厂，不过除宝山钢铁公司外，其余钢厂规模较小。一直以来，基地钢材品种居全国首位，宝钢同时也是我国最大、最现代化的钢铁联合企业。2008年宝钢钢铁产量达3544.3万吨，位居全国第一。该基地所在的我国最大的经济中心上海市为其钢铁工业发展提供了极为便利的条件。这里工业发达，生产协作条件好，技术力量强，管理水平高，水陆交通方便，城市消费水平高，钢产品市场广阔。但是上海市当地矿产资源缺乏，无铁、无煤、无辅助材料，每年需要从国内其他地区和国外运入大量煤炭和铁矿石资源。

宝钢是我国第一个具有世界先进水平的现代化大型钢铁联合企业。1985年底第一期工程投产，1992年4月宝钢二期工程全部建成，1998年11月17日以宝山钢铁（集团）公司为主体、联合上海冶金控股（集团）公司和上海梅山（集团）公司成立的特大型钢铁联合企业——宝钢集团有限公司诞生。宝钢是中国规模最大、品种规格最齐全、高技术含量和高附加值产品份额比重最大的钢铁企业，也是中国最具竞争力的钢铁企业，年产钢量达

▲ 1984年，上海宝山钢铁厂

2000万吨左右，赢利水平居世界领先地位，产品畅销国内外市场。

宝钢的主要生产基地为宝山钢铁股份有限公司、宝钢集团上海第一钢铁有限公司、宝钢集团上海浦东钢铁有限公司、宝钢集团上海五钢有限公司、宝钢集团上海梅山有限公司、宁波宝新不锈钢有限公司等。目前，钢铁产品结构以板管材为主、棒线材为辅，不锈钢产品正在发展之中。其中宝钢的汽车板、造船板、家电板、管线钢、油管等高档产品在国内的市场占有率位于前列，同时也是优质工模具钢、高性能轴承钢、弹簧钢、钢帘线用钢以及航空航天用钢的主要供应商。目前，宝钢正在加快一体化运作的步伐，集中发展对市场影响大、在我国钢铁工业结构调整中需要战略性投资、能与国际顶尖钢铁产品相抗衡的钢铁精品，全面提升钢铁业的综合竞争力。

2. 京津唐钢铁工业基地

包括首都钢铁公司（首钢）、天津各钢厂（天钢、荣钢等）及唐山钢铁公司（唐钢），是全国重要的钢铁基地之一。该基地发展的有利条件是：①周围资源丰富。冀东铁矿基地拥有迁安、滦县等大铁矿，储量仅次于鞍本；有开滦、京西等大煤田，其中开滦煤矿年产量达2000万吨以上，是我国最大的优质炼焦煤基地；②地理位置优越，交通发达。基地是通往关内外的必经之路，铁路、公路四通八达，有天津、秦皇岛等重要海港；③靠近大都市消费群，技术力量雄厚。基地地处京津冀都市圈，其中，北京是我国的政治、文化中心，天津是北方的最大港口城市和华北的经济中心，唐山则是河北省重要的工业城市。三市互为依托，紧密联系，成为我国北方重要的经济区域之一，自然也是钢铁工

▼北京石景山首钢工厂区

业的消费大户。

从基地整体看，采选、冶炼和轧钢能力大体平衡。首钢规模最大，以生产铁为主，是京津唐地区最大的钢铁联合企业。1958 年建立炼钢车间，经过几十年的改建和扩建，已形成 300 万吨以上配套的生产规模，改变了过去生铁产量大于钢产量，钢产量大于钢材的不平衡状况，2008 年钢铁产量达 1 219 万吨。此外，首钢技术先进，各项经济指标均保持国内先进水平。考虑到奥运会期间的环保要求，首钢已搬迁至离唐钢不远处的海岛曹妃甸上，同时将建设新的港口（曹妃甸港）。天津各钢厂规模小而分散，产品品种多样，以中小型钢材和金属制品为主。生产以炼钢、轧钢为主，炼铁基地在河北南端涉县，与天津相距 500 多千米。以往每年还需要从外地调入近百万吨的生铁，供化铁炼钢；又调入大量钢坯，供轧坯成材，造成往返运输成本增加、能源浪费等不合理状况。唐钢是我国小型钢材基地，与天津各钢厂类似，以炼钢和轧钢为主，在河北宣化建立了炼铁基地。

3. 武汉钢铁工业基地

武汉是我国钢铁工业发展最早的地区之一。武钢地处"九省通衢"的武汉市武昌青山区的长江沿岸，是 1949 年后我国新建的大型钢铁工业基地。地理位置优越，水陆运输方便，厂区用地平坦、宽阔，靠近消费区。鄂东铁矿是武钢主要矿石产区，所产矿石品位较高，

▲ 1980 年，武钢一米七轧机工程

但储量有限，埋藏较深，是限制武钢进一步发展的重要因素。今后，可以考虑利用长江水运，适当进口部分富矿。武钢是新中国成立后由国家投资建设的第一个特大型钢铁联合企业，1955 年 10 月破土动工，1958 年 9 月 13 日正式投产。主体厂区坐落在武汉市青山区，占地面积 21.17 平方千米，现有在岗职工近 1.6 万人。所辖的 4 座铁矿、2 座辅助原料矿分布在鄂东、鄂南及河南焦作市，还有海南钢铁有限公司、襄樊钢铁长材公司。2005 年 3 月，武钢和

鄂钢实现了联合重组。目前重组后的工业基地是我国生产板材的重要基地。

武钢现已拥有从矿山采掘、炼焦、烧结、冶炼、轧钢等一整套工艺设备，具备了年产钢铁量达1000万吨以上的综合生产能力，主要生产热轧卷板、冷轧卷板、镀锌板、镀锡板、冷轧硅钢片、彩色涂层板以及大型型材、线材、中厚板等几百个品种。在激烈的市场竞争中，武钢根据国家产业政策和市场对质量、品种的要求，按照"应用一代，试制一代，探索研究一代，思考规划一代"的新产品开发方针，研制开发新产品85个系列和301个新品种，形成了"桥、管、箱、容、军、电、车、线"等一大批高技术含量、高附加值的精品名牌，填补了大多数国内空白。此外，武钢还生产焦炭、耐火材料、化工产品、粉末冶金制品、铜硫钴精矿、水渣、氧气、稀有气体等副产品，并对外承担工程建设、机械加工和自动化技术开发的任务。近年来，武钢进一步加大辅业改制力度，近30家辅助产业已经或即将从主营业务中分离出来。至此，现已初步成为以钢铁、工程技术、国际贸易为主，多种产业共同发展的大型企业集团。

4. 鞍本钢铁工业基地

本基地位于辽中南工业区内，东倚千山山脉，北临辽河支流太子河，西侧千里平原，南望渤海湾。它是我国最大的钢铁基地，包括鞍山钢铁公司和本溪钢铁公司，两钢铁公司之间相距仅100千米。基地之所以发展起来主要得益于临近丰富的煤、铁资源产地，属于典型的煤铁复合体型布局。

基地周边地区铁矿的探明储量近百亿吨（仅鞍山铁矿已探明的铁矿蕴藏量就占全国总蕴藏量的1/4），其中工业储量40多

▲辽宁鞍山市钢铁厂炼钢车间

亿吨，居各大基地之首位。现铁矿开采量达 4000 万吨左右，是全国最大的铁矿基地。在 1990 年时，铁矿（原矿）产量就达 3800 多万吨，占全国铁矿石总产量的 1/5 以上。具体来说，鞍钢的主要铁矿基地包括东鞍山、眼前山、齐大山、大孤山等铁矿基地，它们与鞍钢相距仅 10 千米～20 千米，呈弧形分布；本钢周边则有南芬、歪头山等铁矿，集中分布在本钢南、北两侧，与本钢相距不过 25 千米左右。丰富的铁矿资源为鞍本钢铁工业基地的发展提供了必要的原料条件。

辽宁中部地区的煤炭资源也相当丰富，拥有本溪湖（彩屯）、红阳（沈南）等煤矿，与钢铁基地的距离在 100 千米范围内。但因长期开采，区内煤炭已经不能满足钢铁工业发展的需要，为了解决缺口，不得不从外部调入。此外，本区水源较为丰富，其他炼钢所需辅助原料也较为充足，为本区钢铁工业基地的发展提供了保障。

鞍本钢铁基地经过建国 60 年来的改建和扩建，现已成为我国最重要的钢铁工业基地之一。其中，鞍钢是我国第二大钢铁联合企业，所在地鞍山有"钢都"之称。鞍钢历史悠久，规模庞大，占地 21 平方千米，有职工 20 万人，还拥有大型矿山 5 座，高炉 10 座，炼钢厂 3 座，轧钢厂 13 座，不仅具备年产铁矿石 3000 万吨、生铁 700 万吨、钢 700 万吨、钢材 440 万吨的综合生产能力，而且能冶炼 819 个钢种，轧制 637 个钢材品种，总规格达 2 万多个，有力地支援了国家建设，成为我国钢铁工业举足轻重的联合企业。本钢的特点以炼铁为主，是我国铸造生铁的基地，这里铁矿石储量大、易开采、品质优，用其冶炼铸造生铁，质量全国最优，低磷、低硫，被誉为"人参铁"。

5. 马鞍山钢铁工业基地

马钢是我国特大型钢铁联合企业之一，是安徽省最大的工业企业，素有"江南一枝花"的美誉。位于安徽省东部马鞍山市内，长江之滨，地理位置优越，交通

▲安徽马钢，H 型钢

快捷便利，资源丰富。附近的宁芜铁矿是我国主要铁矿产地之一，距淮南、淮北煤炭产地也不远。1958年后，马钢发展成为钢铁联合企业。1993年，马钢作为我国首批9家规范化股份制试点企业之一，成功地进行了股份制改制，成为马鞍山马钢总公司和马鞍山钢铁股份有限公司。1998年，马钢总公司改制为马钢（集团）控股有限公司。现有在职职工7万人。

马钢着重盛产H型钢，主要产品有各种铸造用生铁、用于制造铁路运输的火车轮、轮箍、各种异型断面的环形件、各种角钢及中小型钢材等。马钢是江南的重要生铁基地，生铁产量大于钢产量，绝大部分运往上海炼钢。经过50年的艰苦创业、自我积累和滚动发展，马钢形成了铁、钢、材产量达800万吨配套生产规模，总资产近300亿元。拥有世界先进水平的冷热轧薄板生产线、高速线材生产线、我国最先进的热轧大H型钢生产线和亚洲最大的车轮轮箍专业生产厂，形成了独具特色的"板、型、线、轮"产品结构，按国际标准组织生产的钢材产品达到钢材产品总量的80%，有38个产品荣获国家、省优质产品称号。主要生产线全部通过了ISO9001质量体系认证，其中车轮生产线通过了北美AAR认证。产品出口到48个国家和地区。

6. 包头钢铁工业基地

包钢是我国重要的钢铁工业基地、全国最大的稀土生产和科研基地，是内蒙古自治区最大的工业企业。1954年建厂，1958年投产，1998年改制为公司制企业。公司总部位于内蒙古自治区包头市河西工业区，中心厂区占地面积36平方千米。包钢拥有"包钢股份"和"包钢稀土"两个上市公司。

▲内蒙古包头市，包头钢铁公司薄板坯连铸连轧厂的炼钢车间

包钢具有得天独厚的资源优势。内蒙古白云鄂博矿是举世瞩目的铁、稀土等多元素共生矿，是西北地区储量最大的铁矿，稀土储量居世界第一位，铌储量居世界第二位，包头也因白云鄂博矿而被誉为"世界稀土之都"；包

钢基地附近还有煤矿，厂区东北约80千米处有石拐沟煤矿。此外，包钢靠近黄河，地势平坦，用水条件好。

包钢拥有具备国际国内先进水平的冷轧和热轧薄板及宽厚板、无缝钢管、重轨及大型材、线棒生产线，是我国主要钢轨生产基地之一，是品种规格最齐全的无缝钢管生产基地之一，是西北地区最大的薄板生产基地。以生产钢铁和轧制大型型钢、钢轨、无缝钢管为主，还生产稀土和铌等稀有金属。

7. 太原钢铁工业基地

太原钢铁（集团）有限公司（简称太钢）由老厂扩建而成，位于山西省太原市尖草坪，是"二五"时期重点扩建和改建项目之一。太钢周围焦煤资源丰富，品种齐全，这是太钢布局的突出优势。太（原）古（交）岚（县）铁矿是我国主要铁矿区之一，但矿石品位低，矿区分散。水资源不足、运输紧张及铁矿资源的缺陷是限制太钢进一步发展的主要因素。

太钢是以生产板材为主的特大型钢铁联合企业和中国大陆最大的不锈钢生产企业，也是我国特殊钢生产基地，以生产优质板材为主。太钢拥有铁矿石等钢铁冶炼原料的采掘与加工、钢铁冶炼、钢铁材料压力加工、冶金设备及备品备件制造等方面先进技术和装备，主要产品有不锈钢、冷轧硅钢片（卷）、车轴钢、合金模具钢、军工钢、热连轧卷板等。

8. 攀枝花钢铁工业基地

攀钢位于四川渡口市，1965年兴建，1970年开始出铁，是我国战略后方（西南地区）最大的钢铁联合企业，已成为我国优质合金钢的生产基地。攀钢所在的攀（枝花）西（昌）

▲ 四川攀枝花市攀钢厂区

地区蕴藏着极其丰富的钒、钛磁铁矿，钒、钛储量居世界首位，与其共生的钴、镍、铜、锰等十多种稀有金属元素的储量也十分惊人。这里还有巨大的水能和焦炭资源，为发展钢铁工业提供了条件。主要产品有生铁、钢坯、钒渣、重轨、大型钢材、小型钢材和线材等。

攀钢依托资源优势和工艺技术优势，形成了以重轨、310乙字钢等为代表的大型材，以汽车大梁板、冷轧镀锌板、IF钢（镀锌钢）等为代表的板材，以无缝钢管为代表的管材，以高钒铁、钒氮合金、高品质钛白粉为代表的钒钛制品，优质棒线材以及特殊钢等六大系列标志性产品。攀钢是国内唯一能生产在线全长淬火钢轨和最早大批量生产高速铁路用轨的企业，重轨在国内市场处于领先地位，市场占有率超过三分之一，具备与国际先进企业竞争的实力；汽车大梁板、热轧酸洗板、冷轧镀锌板等产品在国内市场具有较强的竞争力，并出口到欧美等市场；攀钢钒制品目前已占国内市场份额的80%以上，占国际市场的15%左右，钒产业已成为攀钢新的支柱产业。攀钢产品遍销国内30多个省、市、自治区，并出口东南亚、欧洲、北美等20多个国家和地区。

9. 重庆钢铁工业基地

包括重庆钢铁公司和重庆特殊钢厂，重庆钢铁公司位于重庆市大渡口区境内，前身系抗日时期由原汉阳兵工厂、六河沟铁矿和上海钢铁厂的一部分设备组建而成。原有生产能力较低，建国后扩建为钢铁联合企业，经40多年的建设，已形成一个具有综合生产

▲ 重庆钢铁集团公司大渡口旧址

能力的相当规模的钢铁联合企业，产品种类较齐全，但应进一步寻找新的矿石供应基地。重庆特殊钢厂位于沙坪坝的双碑地区，创建于1935年，是西南地区最早建设的钢铁企业，1949年后，经多次扩建，成为我国生产精密合金钢等特殊钢的重要企业。

重钢实行母子公司管理体制，现有子公司28家，拥有职工2.7万人，资产总额达142亿元，是重庆市市属工业企业第一家年销售收入破百亿元的企业。

重钢主导产品有板材、管材、型材、带材、线材和棒材等六大类。主导产品中的 20g 锅炉板和 16MnR 容器板（Mn 就是指化学成分锰，R 是指容器）是国家金牌产品，镀铅薄板、18 号矿用槽帮钢、6.5 号刮板钢系国家银牌产品，船体结构用钢板和锅炉压力容器用钢板获"中国名牌产品"称号，造船板获英国、德国、美国、挪威等 9 国船级社质量认证。

10. 台湾钢铁工业基地

我国台湾省钢铁工业是在缺煤少铁条件下，靠大力发展拆船行业兴办起来的。20 世纪 60 年代，台湾利用解体旧船板生产改制钢材，用拆船所得废钢生产电炉钢，70 年代，台湾年拆船量曾占世界拆船总量的 60% 以上，一年拆船重量达 200 万吨。为了进一步满足台湾本岛生产发展的需要，台湾当局决定在高雄建一座年产钢达 600 万吨的大型钢铁厂，并命名为中国钢铁公司（简称中钢）。该厂的铁矿石、焦煤及主要原燃料全部经高雄大港方可进口。

中钢的主要产品：碳钢—钢板、棒钢、线材、热轧钢品、冷轧钢品、电镀锌钢品、电磁钢片、不锈钢—热轧钢品。

环保搬迁——中国钢铁工业的新动向

首钢是我国重要的钢铁联合企业之一，也是中国钢铁工业的发祥地和重要生产基地之一，对北京的发展作出了巨大的贡献，但是也对北京市的环境造成了严重的污染，人们不禁发出了"要首钢还是要首都"的疑问。2001 年 7 月，北京申奥成功，决策层终于痛下决心，将首钢迁出首都。从 2002 年开始，首钢组织了大量的专家，包括中国工程院十多位院士对首钢如何进行结构调整、如何实施搬迁改造，作了系统的论证，以期探索出大型工业企业搬迁、改造的新型模式。2005 年 2 月，国家发改委正式批复了首钢搬迁方案，同意首钢实施压产、搬迁、结构调整和环境治理的方案，在河北唐山曹妃甸建设一个新首钢。2010 年，首钢搬迁完成。这是中国历史上钢铁工业首次环保搬迁，搬迁将耗资 667 亿元。

首钢搬迁将会使华北地区的钢铁企业进行优化重组，带动中国北方经济，特别是环渤海经济的发展。新首钢已经激活了曹妃甸。曹妃甸工业区的规划面积是 310 平方千米，除了钢铁，还集中了石油、化工、机械制造、现代物流等大型企业。这里，新发现了 10 亿吨的大油田，背靠 44 亿吨的铁矿区，还有大型的煤炭基地。以曹妃甸为新的增长点的环渤海经济圈会和长江三角洲、珠江三角洲一起成为中国沿海从北到南的三大经济带。

2007 年 1 月 23 日，重钢对外宣布将进行搬迁。搬迁的着力点是解决环境净化、矿山开发、规模适度、产品结构优化四大问题。整个搬迁工程分三期，连续推进，2012 年全部完成，总投资 240 亿元左右。首期工程是在长寿江南镇全新建设相关钢铁生产线；二期工程将搬迁现大渡口区重钢的钢铁生产系统和特钢系统；三期工程将对矿山资源进行整合和综合开发。重钢集团环保搬迁，是继首钢集团启动搬迁后，我国第二家大规模搬迁的特大钢铁联合企业。

两大钢铁联合企业的环保搬迁，透视着我国今后各地区钢铁工业发展的新动向，也表明了环保成为钢铁工业布局的一个不可忽视的因素。此外，钢铁企业搬迁也为区域间相关产业资源的整合和协调提供了很好的借鉴，对区域产业链的形成具有推动作用，成为我国钢铁工业发展史上的一件大事。

▼河北唐山，曹妃甸首钢厂区大门

国民经济的发动机——汽车工业

　　汽车工业是指生产各种汽车主机及部分零配件或进行装配的工业部门，属于重工业部门。主要包括生产发动机、底盘和车体等主要部件，并组装成车的主机厂和专门从事各种零、部件生产的配件厂。汽车工业在国民经济发展中，起着重要的支柱作用。一方面，汽车工业的发展与国民经济发展紧密相连；另一方面，汽车制造技术的革新会推动整个国家的技术创新，还会带动相关产业的发展，从而形成合理的产业链。鉴于此，汽车工业被人们形象地称为"国民经济的发动机"。

中国汽车工业的发展现状

　　中国的汽车工业起步时间远远落后于欧美国家，直到1956年长春第一汽车制造厂成批生产解放牌载重汽车，才成为中国汽车工业的开端。但是，建国后这短短的60年时间里，我国的汽车工业已经有了长足的发展，相继建立了不少主机厂、改装厂以及零配件厂，已能生产卡车、载重汽车、越野汽车、自卸汽车、牵引车、

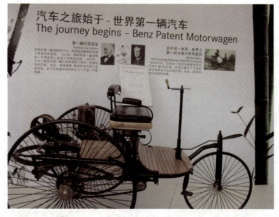

▲展馆内的世界第一辆现代汽车，广州天河体育中心"德中同行——走进广东"活动现场

大客车、轻型汽车、小轿车等各种类型的汽车多种。而且随着时代的发展，我国汽车工业的生产技术水平不断提高，生产方式不断革新，成为我国汽车工业发展的重要保障。

改革开放以来，我国的汽车工业生产节节攀高，屡创佳绩。我们可以用一组数据来验证：1978 年，我国汽车产量仅 5 万辆左右，1992 年已经超过 100 万辆，特别是 2000 年以后，随着我国加入世界贸易组织（WTO）后关税不断下降，我国汽车产量更是大幅度提高，2003 年约为 445 万辆，2006 年为 628 万多辆。而且汽车出口量也逐年大大提高，汽车贸易占据着对外贸易中很大一部分的比重。

中国汽车行业前景广阔，中国汽车消费量占全球总消费量的比例已达 12%。到 2020 年，中国本土汽车产量将达到 2000 万辆左右，其中，两成产品将进入国际市场。

目前，中国的汽车产业还有其他几个特点：一是汽车产业对相关行业带动作用大。汽车产业可以带动机械、电子、纺织、轻工、石化、钢铁、有色等产业的发展。二是对消费的拉动作用大。三是对国家税收贡献大。四是充分带动就业。汽车行业直接就业人数为 265 万，直接带动相关产业就业人数超过 3000 万人，占全国城镇就业人数的一成一多。由此可见，汽车产业的振兴和强大将直接促使中国成为真正的工业化强国——"汽车强则中国强"。

中国主要汽车生产基地

随着我国汽车工业的不断发展，它也成为我国国民经济的支柱产业之一，并且汽车工业正在祖国大地上欣欣向荣地发展着。全国各地先后形成了众多的汽车生产基地，既有民族汽车生产基地，也有与外国合资建造的生产基地。许多地方甚至把汽车工业作为未来区域经济增长的最主要推动器，汽车工业的地位可见一斑。总的来说，我国目前的汽车工业基地基本呈现出"三大三小"的地理分布格局，其中"三大"指的是长春、武汉和上海，"三小"指的是北京、广州和天津。

在下面的内容里本书将为大家介绍我国主要的三大汽车生产基地，了解它们的发展状况以及目前拥有的主要汽车品牌。

1. 长春汽车工业基地（中国第一汽车集团公司）

长春是中国汽车工业的摇篮，发展历史较早，人才基础条件优越，被人们称为中国的"汽车城"。中国第一汽车集团公司（原第一汽车制造厂）简称"第一汽车"（一汽），1953 年 7 月 15 日破土动工，中国汽车工业从这里起步，现在已经发展成为国内汽车产业最大的科研和生产基地，2003 年 8 月，一汽集团成为中国首家进入世界 500 强的制造企业。集团拥有固定资产 500 多亿元，产品有重、中、轻、微、轿、客等 6 大系列和 550 多个品种，合作生产奥迪、捷达、丰田、马自达等 4 个国际品牌，拥有解放、红旗、夏利等一系列自主品牌，是一座集生产、科研、营销、外经、外贸等为一体的大型企业集团，已经成为中国民族汽车工业的脊梁。

▲ 1956 年 7 月，长春第一汽车制造厂建成并试制出中国第一批"解放"牌汽车

2004 年，一汽集团在国内率先实现了年产汽车 100.7 万辆，产量占全国总产量的 1/5，其中重型车 12.78 万辆、中型车 5.89 万辆、轻型车 7.42 万辆、客车 10.5 万辆、轿车 62.1 万辆；实现工业总产值 1123 亿元，占全市规模以上工业总产值的 65.6%；实现增加值 295.3 亿元，占全市规模以上工业增加值的 65.3%，占 GDP 的 19.2%。

围绕汽车工业，全市共形成汽车及零部件制造企业 330 户。其中，汽车整车制造企业 2 户；改装车制造企业 17 户，摩托车制造企业 1 户，零部件制造企业 310 户。在世界 500 强企业中，有 16 户进入长春市投资汽车生产的相关项目中，如德国大众、西门子、汉高、日本丰田、马自达、伊藤忠、住友、丸红商事，以及里尔、德尔福、TRW、杜邦、蒂森克虏伯、圣戈班、巴斯夫、罗伯特博世等。

2005 年，长春汽车产业开发区诞生。2007 年，国家级开发区"长春国际汽车城"获得正式批准，对此，国家将给予一系列的配套优惠政策，对进入开发区内投资的企业奖励一汽集团汽车零部件生产的部分市场份额，以此吸引国外企业。除一汽集团之外，长春轨道客车股份有限公司也是国内、亚洲最大，世界前列的铁路客车和地铁科研的生产基地。生产的铁路客车在国内市场占有率为 50% 左右，是唯一一家地铁客车生产逾千辆、有轨道车辆市场投标资格的国内企业。

2. 武汉汽车工业基地（东风汽车公司）

经过近半个世纪的发展，湖北省汽车工业已形成了以东风汽车公司为主体，以军工企业、地方企业为依托，整车产品涵盖中、重、轻、轿、微、专及汽车零部件配套齐全的产业格局，并形成了从十堰、襄樊、随州到武汉沿汉江沿线和从荆州到黄石沿长江沿线的两条汽车及零部件集聚带。

东风汽车公司现在的总部在武汉（2003 年 9 月，公司的总部由十堰搬迁至武汉），是中国汽车行业骨干企业之一，与中国第一汽车集团公司和上海汽车工业 (集团) 总公司一起被视为中国综合实力最强的三大汽车企业集团。其前身是 1969 年始建于湖北十堰的"第二汽车制造厂"（简称"二汽"），上世纪九十年代改名为东风汽车公司。经过几十年来的建设，已陆续建成了十堰（主要以中、重型商用车、零部件、汽车装备事业为主）、襄樊（以轻型商用车、乘用车为主）、武汉（以乘用车为主）、广州（以乘用车为主）四大基地。除此之外，还在上海、广西柳州、江苏盐城、四川南充、河南郑州、新疆乌鲁木齐、辽宁朝阳、浙江杭州、云南昆明等地设有分支企业，形成了"立足湖北，辐射全国，面向世界"的事业布局。

东风汽车公司的产品涵盖了全系列商用车、乘用车、汽车零部件和汽车装备等，并拥有强大的研发、生产和销售能力及营销服务网络。公司发展成就逐年增高，2007 年，公司销售汽车 113.7 万辆，完成营业收入额 1 416.87 亿元；2008 年，公司销售汽车 132.06 万辆，同比增长 16.12%，实现营业收入 1527.13 亿元，位居中国企业 500 强第 30 位，中国制造业 500 强第 6 位。其主要汽车品牌有东风标致、东风雪铁龙、东风日产、东风本田等，而且公司正走着一条着眼于参与国际竞争，按照"融入发展、合作竞争、做强做大、优先做强"

的发展方略，借与跨国公司的战略合作推动企业发展之路。公司先后扩大和提升与法国 PSA 集团的合作；与日产进行全面合资重组；与本田拓展合作领域；与江苏悦达集团、韩国起亚整合重组东风悦达起亚；与重庆渝安创新科技（集团）公司合资

▲湖北襄樊，东风汽车公司轻型车厂总装配线

成立东风渝安车辆有限公司，生产东风小康微车等。全面合资重组后，东风的体制和机制发生了深刻变革，按照现代企业制度和国际惯例，构建起较为规范的母子公司体制框架，从而演变成了投资与经营管控型的国际化汽车集团。

东风汽车公司的发展离不开武汉政府的支持，而它的发展也推动了武汉整体经济水平的提升。2009 年，武汉出台汽车产业振兴计划，重点支持东风公司建立汽车金融公司，发展汽车消费信贷；支持东风乘用车公司自主品牌乘用车项目，建设形成年产量达 12 万辆的生产规模；支持神龙汽车扩大汽车市场销售份额，在 3 至 5 年内将销量提升到 40 万辆；支持东风本田扩能项目建设，达到总产量 24 万辆的生产规模；到 2011 年，新能源公汽线路增至 20 条，新能源公共汽车增至 1000 辆；政府采购乘用车按不低于 10％的比例选用新能源汽车。该计划的目标是力争到 2011 年形成整车生产量达 100 万辆，产销汽车达 80 万辆，汽车制造业工业总产值 1200 亿元；2015 年，整车生产量达 150 万辆能力，将武汉建设成为国内重要的汽车产业集群基地。

3. 上海汽车工业基地（上海汽车工业＜集团＞总公司）

改革开放以来，上海汽车工业抓住历史发展的机遇，不断加快自身发展，不但成为上海支柱产业之一，也使得上海

一跃成为中国重要的轿车工业基地之一。上海汽车工业(集团)总公司简称"上汽集团",是中国三大汽车集团之一,主要从事乘用车、商用车和汽车零部件的生产、销售、开发、投资及相关的汽车服务贸易和金融业务。上汽集团是目前国内领先的乘用车制造商、最大的微型车制造商和销量最大的汽车制造商。2006年,整车销售超过134万辆,其中,乘用车销售91.5万辆,商用车销售42.9万辆,位居全国汽车大集团销量第一位。2007年,上汽集团整车销售超过169万辆,其中,乘用车销售113.7万辆,商用车销售55.3万辆,在国内汽车集团排名中继续保持第一位。

上汽集团坚持自主开发与对外合作并举,不但通过加强与德国大众、美国通用等全球著名汽车公司的战略合作,形成上海通用、上海大众、上汽双龙、上汽通用五菱、上海申沃等系列产品;还注重推进自主品牌建设,相继推出了荣威品牌和750产品,逐步形成了合资品牌和自主品牌共同发展的格局。在生产布局上,上汽集团除在上海当地发展外,还在国内柳州、烟台、沈阳、青岛等地建立了自己的生产基地。此外,直接管理持股51.16%的韩国双龙汽车公司,拥有韩国通用大宇10%的股份,在美国、欧洲、日本还设有海外公司。集团业务上,除直接经营管理汽车零部件、服务贸易等业务外,其核心的整车业务已于2006年10月注入持股83.83%的上海汽车股份有限公司(简称"上海汽车"),目前,上海汽车已成为国内A股市场规模最大的汽车公司。

集团旗下著名的汽车品牌有名爵、荣威、双龙、五菱等,上汽已成为国内领先、具有核心竞争能力和国际经营能力的大型汽车集团。打造自主的国际品牌,是上汽为实现这一目标迈出的坚实的一步,这将使上汽实现可持续发展。

▲上海市民参观上汽集团生产的大型公共交通汽车

4. 其他汽车工业基地

北京——北京汽车制造厂创建于1958年,由朱德委员长亲自题写厂名,是国家继长春第一汽车制造厂后，兴建的第二家大型汽车生产企业。2001年，按现代企业制度创建北京汽车制造厂有限公司（中文简称"北汽有限"、英文简称"BAW"）。北京汽车制造厂有限公司是中国汽车工业发展的先驱之一，集北京汽车工业五十多年来之大成，是北京五十多年来汽车工业发展的缩影，也是北京汽车民族品牌的代表。公司现有朝阳和顺义两个汽车生产厂区，占地面积40余万平方米，建筑面积近30万平方米，年生产量达10万辆汽车，具备完整的冲压、焊装、涂装、总装四大工艺，拥有完整的销售和售后服务体系，分布在中国大陆所有省、市、自治区。公司还具备国内领先的自主研发能力和制造工艺，形成轻型越野车、商用车和专用车三大系列产品，拥有陆霸、骑士、勇士、战旗（轻型越野车）、旗铃（轻中卡）、陆铃（皮卡/SUV）、旗舰（水陆两栖车）等自主品牌。

▲ 1958年，北京汽车制造厂车间

天津——天津一汽夏利汽车股份有限公司是中国第一汽车集团公司控股的经济型轿车制造企业，是一家集整车制造、发动机、变速器生产、销售以及科研开发于一体的上市公司。公司目前拥有居于国内先进水平的冲压、车身、涂装、装配生产线、整车质量检测线、汽车发动机铸造及机加工生产线、变速器生产线、计算机工作站、产品开发及检测实验室等。现有员工8000多人，总占地面积747240.9平方米，具备包括整车及动力总成制造、产品研发、销售、进出口业务在内的完整体系和"夏利""威姿""威乐"系列轿车，天内牌发动机、天齿牌变速器都是公司的拳头产品。

广州——广州具有较完整的汽车工业生产体系、较强的机械制造能力和零部件加工配套能力，汽车制造业已成为广州工业三大支柱产业之一，已形成乘用车、商用车和挂车等 3 个大类，轿车、旅行车、载货车和专用车等多个小类以及以轻、小型车为主体、轿车为主导的发展格局。。目前，广州汽车产业发展势头猛，效益高，后劲足。目前，广州已相继形成了以东部本田汽车生产基地、北部花都汽车城和南部南沙国际汽车城为主导的三大组团式布局的汽车产业集群。

中国主要民族汽车品牌

目前，我国的汽车工业发展势头强劲，产量不断上升，产值也不断增加。当然这离不开众多汽车工业生产基地的发展和贡献，遍观我国汽车工业生产，既有中国自主研发的汽车品牌，也有中外合资的汽车品牌。主要的中外合资的汽车品牌可以分为三大系——以本田、丰田、马自达、铃木等为代表的日系汽车品牌；以现代、双龙、三星等为代表的韩系汽车品牌；以通用、奔驰、桑塔纳等为代表的欧美系汽车品牌。而我国自主研发的民族汽车品牌不是很多，主要以红旗、奇瑞、吉利、中华、哈飞、华晨、比亚迪等品牌为代表。这里为读者朋友们介绍一下主要的十大民族汽车品牌。

1. 红旗汽车品牌

红旗是中国的豪华车品牌，由位于长春的中国一汽制造，该车也一直是中华人民共和国阅兵礼宾车。红旗牌轿车的历史始于 1958 年，当年诞生于一汽的我国第一辆国产小轿车并不叫"红旗"，叫"东风"，定牌为 ca71。据说最初汽车设计理念以前苏联风格的豪华车为主，不过从市场开放之后，红旗汽车的设计就由奥迪以及美国林肯汽车进

▲ 周恩来座驾红旗 CA-770，1972 年美国总统尼克松访华期间的专用车，2009 中国（南京）国际汽车博览会

行设计与技术指导。

2. 奇瑞汽车品牌

奇瑞汽车有限公司成立于 1997 年，是由安徽省及芜湖市五个投资公司共同投资兴建的国有大型股份制企业，坐落在水、陆、空交通条件非常便利的国家级开发区——芜湖经济技术开发区。占据着承东启西、连接南北的枢纽地位，是长江流域重要的工业基地和物流中心。公司于 1997 年 3 月 18 日动工建设，1999 年 12 月 18 日，第一辆奇瑞轿车下线。以 2007

▲上海市，汽车展览上展示的白色奇瑞轿车

年 8 月 22 日第 100 万辆汽车下线为标志，奇瑞实现了从"通过自主创新打造自主品牌"第一阶段向"通过开放创新打造自主国际名牌"第二阶段的转变，进入全面国际化的新时期。目前，奇瑞公司已具备年产 65 万辆整。

3. 中华汽车品牌

沈阳金杯客车制造有限公司是由华晨中国汽车控股有限公司与沈阳金杯汽车股份有限公司投资组建的合资企业，成立于 1991 年 7 月 22 日。公司注册资本为 17116 万美元，投资总额为 29798 万美元，华晨公司占总股本的 51%，金杯公司占总股本的 49%。目前，华晨中国汽车控股有限公司旗下拥有两个整车品牌、三大整车产品。这两个整车品牌即"中华"和"金杯"系列，三大整车产品包括：拥有自主知识产权的中华轿车、国内同类车型中市场占有率接近 60% 的金杯海狮轻型客车、引进丰田高端技术生产的金杯阁瑞斯多功能

▲中华汽车标志。南京国际展览中心，2007 年南京国际汽车展览会

商务车。

4. 东南汽车品牌

1995年11月, 东南(福建)汽车工业有限公司成立, 公司位于福建省福州市。东南汽车是由福建省汽车工业集团和台湾最大的汽车企业——裕隆企业集团所属的中华汽车公司合资组建而成, 也是迄今为止, 经国家正式批准成立的最大的海峡两岸合资汽车企业。两岸优势互补、合资成立的东南汽车公司, 承袭了三菱汽车和中华汽车的研发科技优势, 顺应国际车厂强强联合的发展趋势, 加强与戴姆勒－克莱斯勒集团的合作, 促进技术与规模上的攀升, 建立先进的东南汽车研发中心, 提升车身底盘工程整合、衍生车型开发与动力系统的匹配能力, 从联合开发方式变成具有自主研发能力的大型车厂。

▲广州博览会展示的东南汽车

经过十多年的努力, 东南汽车公司已累计推出"东南得利卡""东南富利卡""东南菱帅""东南菱绅"等四大系列66款车型。东南汽车公司在创立的同时, 还带动吸引了30家台湾中华汽车公司的优秀配套零部件企业(配套厂)也跨海来到其周边安家落户, 同步建设形成一个占地2900多亩、总投资达2.7

亿美元的东南汽车城，呈现出"众星拱月、航母编队"的发展态势。

5. 吉利汽车品牌

浙江吉利控股集团有限公司是一家以汽车及汽车零部件生产经营为主的大型民营企业集团，始建于1986年，经过二十多年的建设和发展，在汽车、摩托车、汽车发动机、变速箱、汽车零部件、高等教育、装潢材料制造、旅游和房地产等方面都取得了辉煌业绩，资产总额已经超过50亿元。特别是1997年进入汽车制造领域以来，凭借灵活的经营机制和连续不断的观念创新，快速成长为中国经济型轿车的主力品牌。2003年，企业经营规模列全国500强第331位，列"浙江省百强企业"第25位，被评为"中国汽车工业50年发展速度最快、成长最好"的企业之一，跻身中国国内汽车制造企业"3＋6"主流格局。主要生产和经营吉利、美人豹、华普三大品牌系列轿车。

6. 夏利汽车品牌

天津一汽旗下的威姿、威乐、夏利三个品牌在经历了各自的发展道路之后已经成为中国经济型轿车领域的三款奇兵。尤其是夏利，作为天津一汽的当家产品，以其皮实、省油、耐用的优良品质及其便捷的维修服务广受赞誉，十多年来夏利走遍大江南北，社会保有量达70万台、总产量突破百万，成为中国汽车工业第一个突破百万产量的民族品牌汽车。

▲ "吉利汽车"展区内，"美人豹"轿车与前来参观的市民，2006年9月16日，齐鲁秋季汽车展

7. 哈飞汽车品牌

哈飞汽车股份有限公司于 2006 年 3 月 7 日成立，是哈尔滨航空工业（集团）有限公司控股的子公司，是中国汽车大型骨干生产企业和研发基地。从 1980 年生产的第一部松花江汽车到现在，已经形成了轿车、微型客车、厢式货车、单排座及双排座微型货车六大系列（赛马系列、中意系列、百利系列、民意系列、锐意系列、赛豹系列）130 多个品种。目前，集团公司汽车年生产量为 40 万辆，汽车发动机年生产量为 55 万台，产销发动机 352.5 万台，产品出口已达 40 多个国家。

▲ 2011 年 9 月 11 日，济南 2011 年齐鲁秋季车展，天津一汽展台夏利 N5

8. 富康汽车品牌

神龙富康轿车是由东风汽车公司生产的，该项目是经国务院批准，瞄准当时 20 世纪 90 年代先进水平兴建的国家重点建设项目。引进后一直深受消费者喜爱，一度还成为家庭轿车的首选，用户广泛、质量过硬、维修方便又便宜、性价比突出。十几年来，富康行销全国，迄今为止，富康轿车已有四大系列，五大车型，30 多个品种，既有适应工薪阶层消费的经济型和标准型轿车，又有能满足高档消费和商务用车的豪华型轿车。富康轿车以其良好的性能、低油耗和低排气污染赢得了

▲黑龙江省哈尔滨市，哈飞汽车股分有限公司

中国的轿车市场，其市场占有率和全国轿车保有量所占的比率都在逐年上升。

9. 华普汽车品牌

上海华普汽车有限公司地处上海市金山区枫泾工业园，毗邻沪杭高速公路，距上海港与长江入海口仅80千米，地理位置优越、交通便利，是继上海通用汽车、上海大众汽车之后，上海第三家拥有国家整车生产目录的中型轿车生产企业。公司始建于1999年，一期工程工厂占地420000平方米，2002年建成投产，年生产量为5万辆；二期工程计划发展用地1200000多平方米，第一阶段已于2007年8月投产竣工，现年产量达15万辆；待第二阶段和第三阶段全部建成投产后，年总产量将达35万辆，从而成为上海西南大门一颗璀璨夺目的工业明珠。

作为中国自主品牌、自主研发的轿车制造企业，上海华普不仅拥有现代化的冲压、焊装、涂装、总装整车生产流水线及相关试验、检测设备，引进瑞典ABB工业机器人等高科技制造手段，更坚持对产品的不断研发、创新，并通过开展各种交流合作活动，全面掌握了汽车整车的核心研发技术，形成了比较完善的研发体系，每年可推出2至3款新车型。

10. 长安奥拓汽车品牌

长安汽车（集团）有限责任公司是中国重要的汽车生产基地，自1862年创办至今，长安已跨越三个世纪，走过140多年的风雨历程，从中国最早的近代工业先驱发展为总资产突破300亿、员工4万名的国内最大的小型车及发动机制造企业，跻身中国汽车行业前四强，微车行业第一，是中国汽车工业自主创新的领军企业之一。年汽车生产量达100万辆，年发动机生产量达100万台。长安总部位于重庆长江和嘉陵江两江汇合处，下辖"重庆长安汽车股份有限公司""长安铃木汽车有限公司"等十余家公司，产业涉及整车、发动机、房地产等领域。

▲ 2011年9月11日，济南2011年齐鲁秋季车展，长安铃木新奥拓汽车展台

未来竞争的前沿——高新技术产业

高新技术产业通常是指那些以高新技术为基础，从事一种或多种高新技术及其产品的研究、开发、生产和技术服务的企业集合，以电子和信息类产业为"龙头"产业。这种产业所拥有的关键技术往往开发难度很大，但一旦开发成功，却具有高于一般企业的经济效益和社会效益。高新技术产业是知识密集、技术密集的产业。产品的主导技术必须属于所确定的高技术领域，而且必须包括高技术领域中处于技术前沿的工艺或技术突破。根据这一标准，目前，高新技术产业主要包括信息技术、生物技术、新材料技术三大领域。而我国则是根据 2002 年 7 月国家统计局印发的《高技术产业统计分类目录的通知》，将中国高技术产业的统计范围划分为航天航空器制造业、电子及通信设备制造业、电子计算机及办公设备制造业、医药制造业和医疗设备及仪器仪表制造业等行业。

知识链接 ⓥ

高新技术产业的特点主要包括以下几点：知识和技术密集，科技人员的比重大，职工文化、技术水平高，资源、能源消耗少，产品多样化、软件化，批量小，更新换代快，附加值高，研究开发的投资大，工业增长率高。高新技术产业具有智力性、创新性、战略性强和环境污染少等优势，对社会和经济的发展具有极为重要的意义。20 世纪 80 年代以来，高新技术产业的蓬勃发展，对世界经济产生了巨大影响，为人类社会开拓了一个前所未有的美好前景。换言之，人类社会未来竞争的核心就是科技和人才的竞争，而高新技术产业就是竞争的前沿。

中国高新技术产业的发展现状

高新技术产业的发达程度是衡量一个国家的社会经济发展水平、军事实力和社会进步的重要标志。我国高新技术产业主要是从上世纪 90 年代才开始高新技术产业的发达程度是衡量一个国家的社会经济发展水平、军事实力和社会进步的重要标志。我国高新技术产业主要是从上世纪 90 年代才开始发展起来的，经过十多年发展，尤其是随着改革开放的深入和产业经济结构的调整，我国高新技术产业发展飞快，它已经成为国民经济的重要组成部分。高新技术产业大约占国民经济比重的 15%，为国民经济发展和现代化建设做出了重大贡献。概括地说，我国高新技术产业的发展具有以下几个主要的特点：

第一，发展势头强劲，速度加快，规模不断增大，已成为拉动国民经济增长的重要力量。目前，高新技术产业几乎遍布

▲笔记本电脑

全国，主要集中分布在京津塘地区、长三角地区、珠三角地区。其中高新技术产业开发区已经成为高新技术产业发展和经济增长的强劲区域，举世闻名的中关村就是其中的佼佼者。我国高新技术产业产值占工业总产值的比重，已经由当初的 1% 左右提高到现在的接近 15%，计算机、通讯、生物医药等高新技术产业迅速成长。高新技术产业的快速发展，对拉动国民经济的发展起到了积极作用。

第二，我国人力资源丰富，高新技术产业发展的人才优势尤为突出。高新技术产业是技术密集、知识密集型产业，科技和人才是发展的最关键条件。我国逐渐把科教兴国放在核心地位，再加上一些政策的推动，这就为高新技术产业的发展提供了有力的保障。

第三，科技投入的增加和创新的发展推动了科技成果的转化。早在 20 世纪 80 年代，在邓小平同志"科学技术是第一生产力"思想和"发展高科技，实现产业化"方针的引导下，中国先后启动了国家高技术研究发展计划（即

863 计划）和旨在促进高新技术产业化的火炬计划；我国实施了科教兴国战略，增加科技投入是实施科教兴国战略、提高国际竞争力、转变经济增长方式、推动技术进步和发展高新技术产业的重大措施。当前，要建设创新型国家就要把科技发展放在更为重要的位置上。近年来，高新技术产业作为国家科技投入最重要、最直接的指标之一，用于研究和开发的经费也有较大幅度提高，为促使科技转化为成果做出了贡献。

第四，高新技术产业在国民经济中比例提高，促进了经济结构的调整和经济体制的完善。高新技术产业的快速发展，对用现代技术改造传统产业，促进中国制造业结构的优化升级和经济体制调整起到了积极作用。主要表现在：①高新技术产业与传统产业相结合，形成新型生产力。高新技术产业的发展，可为社会提供新产品、新材料，也可为传统产业提供新工艺、新技术、新设备，促进传统产业升级换代，提高传统产业的竞争力，把我国传统产业的发展潜力充分挖掘出来；②培育和成长起一批知名的高新技术大企业。在我国高新技术产业蓬勃发展的潮流中，涌现出一大批规模大、实力强、增长速度快的高新技术企业，反过来这些企业又不断带动整个高新技术产业的发展，如通讯领域的巨龙、大唐、中兴、华为以及计算机领域的联想、四通、北大方正、清华同方、东大阿尔派等，都是近年来发展起来的知名高新技术企业；③培育了一大批充满活力的民营中小科技企业。为我国高新技术产业和经济发展注入了强大的活力，也为国有企业改革提供了可资借鉴的经验；④混合所有制和私营企业较多，体制较灵活，能较好地适应市场经济的要求。

第五，形成了一批高新技术产业发展基地，成为我国高新技术产业发展的中心区域。上世纪90年代初开始建设的国家高新技术产业开发区，已经成为我国经济发展中的亮点。到2002年，高新区有28338家（其中经认定的高新技术企业19 353家）企业进入统计，年末从业人员349万人；实现营业总收入额15326.4亿元、工业总产值达12937.1亿元、工业增加值达3286.1亿元、净利润达801.1亿元、实际上缴税费766.4亿元、出口创汇329.2亿美元。其中，最具发展动力的就是国家级高新技术产业开发区，截止到目前，我国已经形成了54个国家级高新技术开发区。

中国高新技术产业地理分布格局

纵观我国高新技术产业的分布结构，主要分为三种类型：沿海地区科技力量雄厚，经济发达，形成以电子和信息类产业为"龙头"的科技园区型高新技术产业；沿边地区利用其地理优势，依靠国家的开发政策，发展了以组装、加工为主的贸易导向型产业；内地地区依靠资源优势和工业基础，形成了以有色冶金、机械制造、电子、航空航天等工业为主的与国防军工有密切关系的产业。

具体地来看，我国高新技术产业在地域空间上的分布，即地理分布格局具有这样几个特点：

第一、高新技术产业发展的地带性差异显著，具有明显的东部沿海偏向性。从东、中、西三大地带来看，中国高技术产业发展存在明显的差异。目前，中国高技术产业主要分布在东部地区，2004 年，产值占全国的比重达到了 89%，从业人员比重达到了 75.4%；中部地区产值比重为 5.9%，从业人员比重为 12.4%；西部地区产值比重为 5.1%，从业人员比重为 12.2%。目前，54 个国家级高新技术开发区中，东部 30 个，占 55.6%；中部 14 个，占 25.9%；西部 10 个，占 18.5%。可以看出，我国高新技术产业开发区东部多、西部少，由东向西递减。

第二、高新技术产业的内部构成也具有地带性差异。也就是说，不同类型的高新技术产业开发区具有不同的产业开发重点。东部地区在信息化产品制造业、医药制造业、电子及通信设备制造业、电子计算机及办公设备制造业和医疗设备及仪器仪表制造业中占据绝对优势；西部地区在航空航天器制造业方面略微领先。这一点也和上面所说的高新技术产业的分布结构一致。

第三、高新技术产业布局逐渐由单一点状分布向点、块、带状格局转化。我国高新技术产业的发展，由最初的少数几个地区逐渐向多数地区扩散，逐渐形成点、块、带状相结合的综合地理分布格局，从而才有了今天这样的繁荣面貌。

第四、高新技术产业呈现集聚带状分布，沿海地区形成了三大高新技术产业集聚中心。一是以北京和天津为核心的环渤海高新技术产业基地；二是以深圳和广州为核心的珠江三角洲高新技术产业基地；三是以上海为龙头的长江三角洲高新技术产业基地。北京地区依托人才优势，逐步成为高技术产业的主要研发基地；珠江三角洲在产业结构逐步完善的基础上，以高新技术产业的生产制造见长，同时研发和孵化的比重也在逐步增加；长江三角洲地区高新技术产业链相对较长，成为集研发、生产和孵化为一身的核心发展地带。中西部地区总体经济相对落后，高技术产业规模尚小，但局部地区某些产业链也在逐步形成，并且由于历史等各方面的原因，也具备了一定的自主研发能力。

第五、高新技术产业的分布往往依附于大城市，地理空间上还呈现出"大分散、小集中"的特点。

第六、高新技术产业的地理分布格局和经济水平分布格局在空间上相一致。这是由我国区域经济发展呈现出东、中、西部不平衡的状况所导致的，才有了数量上东多西少的差异。由此可见，地区经济技术水平差异是导致我国高新技术产业地域分布不均衡的根本原因。

第七、此外，与经济技术开发区逐渐向东部沿海地区集中的趋势相反，我国高新技术产业开发区却逐渐向中、西部地区扩散。

知识链接 ✓

小知识——经济技术开发区是中国最早在沿海开放城市设立的以发展知识密集型和技术密集型工业为主的特定区域，后来在全国范围内设立，实行经济特区的某些较为特殊的优惠政策和措施。从发展模式看，增加区域经济总量是其直接目标，以外来投资拉动为主，产业以制造加工业为主。

中国主要高新技术产业开发区（基地）

这里本书按照高新技术产业的地理分布格局，在东、中、西部各选取一例作为重点介绍对象，以期对著名（国家级）高新技术产业开发区（基地）有所了解。也借以抛砖引玉，使读者朋友们更有兴趣去关注我国高新技术产业的发展。东、中、西部分别选取北京中关村科技园区、郑州高新技术产业开发区、西安高新技术产业开发区作为代表。

1. 北京中关村科技园区——国家自主创新示范区

中关村科技园区位于中国的首都北京，始建于 1988 年 5 月，总面积达 232.52 平方千米，是中国第一个国家级高新技术产业开发区。经过 20 多年的发展，中关村已经发展成为"一区多园"跨行政区的高端产业功能区，包括海淀园、丰台园、昌平园、电子城、亦庄园、德胜园、石景山园、雍和园、通州园和大兴生物医药产业基地。

中关村是中国科教智力资源最密集、最具创新特色和活力的区域。拥有以联想、用友、百度为代表的高新技术企业 2 万余家；以北京大学、清华大学为代表的高等院校 39 所，在校大学生约 40 万人；以中国科学院、中国工程院、北京生命科学研究所为代表的科研院所 200 多家；国家级重点实验室 63 个，国家工程研究中心 37 个，国家工程技术研究中心 49 个；TD－SCDMA（我国提出的第三代移动通信标准，简称 3G）等产业技术联盟 37 个，各类孵化器 50 余家（如中关村国际孵化器、丰台科技创业中心、海淀留学人员创业园、清华科技园），大学科技园 14 家。此外，园区所处地区临近机场和高速公路，对外交通联系十分方便，是"临空型"工业布局的典型代表。

中关村科技园区目前形成了"一区多园多基地"的布局格式，其中，"一区"是指中关村科技园区；"多园"是指海淀园、丰台园、昌平园、电子城、亦庄园、德胜园、石景山园、雍和园、通州园和大兴生物医药产业基地；"多基地"是指国家软件产业（出口）基地、国家生物医药产业基地、国家工程技术创新基地、国家网络游戏动漫产业发展基地等。

中关村的创新产业非常活跃，每年产生辐射全国的高水平科技成果数千项，新产生创业企业 3000 家；吸引境外风险投资额占中国大陆总量的一半以上；

拥有微软、AMD、Google、诺基亚、NEC等世界知名跨国公司亚太或大区总部和研发机构80余家。园区有各类高新技术企业万余家，其中有联想、方正等国内知名的公司，还有以诺基亚、惠普、IBM、微软为代表的1600余家外资企业，跨国公司在园区设立的分支机构已达到100多家。

中关村重点发展电子信息、能源环保、生物工程、新医药与新材料等领域的高技术产业。电子信息占示范区经济总量的五分之三，以软件、集成电路、计算机、网络、通信等为代表的重点产业集群初步形成。集成电路设计产业收入占全国总量的四分之一，软件及信息服务业收入占全国总量的七分之一，引领了中国高新技术产业发展的潮流。

2. 郑州高新技术产业开发区——"中原硅谷"

郑州高新技术产业开发区，始建于1988年，座落于美丽郑州的西北部，南临西流湖，北接邙山，东与环城快速路相连，西四环穿区而过，距市中心约12千米，南距310国道2千米，北邻连霍高速公路，距新建郑州国际航空港30千米，对外交通条件优越。属暖温带大陆性气候，四季分明，高新区水质、空气质量上乘。规划面积70平方千米，建成区面积30平方千米，总人口20万，是河南省郑州市发展高新技术产业的核心区域，已初步建设成基础设施配套、支撑服务体系较为完善、支柱产业相对发达、经济繁荣、环境优美的现代文明新城区，已成为河南省改革开放的窗口和高新产业聚集的"中原硅谷"。

高新区汇集了4所河南省一流的大学：郑州大学、解放军信息工程大学、河南工业大学、郑州轻工业学院，具有强大的工科、医科、IT产业等研发力量；汇聚了郑州机械研究所、中国郑州烟草研究院等6个部属研究院所，引进培育市级以上工程研究中心、重点实验室和各类检测中心100余家，构筑了高新区密集的研发优势。全区现有各类科技人才近4万人，其中博士1700多人，高级技术职称人员6500余人，硕士3500多人；理工科本科人才位居全国高新区之首，科技人才密集度是河南省之冠。这为技术创新和产业发展提供了强大的人才支持。

围绕自主创新能力的提升，高新区建立并完善了从研究开发到成果转化，再到产业化的完善的政策体系。目前，以企业为主体，产、学、研相结合的技术创新机制初步形成，区内90%的工业企业都建立了自己的技术研发机构，

80% 以上的高新技术企业同科研院所、高校建立了各种形式的产学研究合作关系。全区有创业中心、国家 863 中部软件孵化器、河南省专利孵化转移中心等 3 个国家级综合孵化器，以及超硬材料等 5 个专业孵化器。孵化面积 36 万平方米，在孵企业 1150 家。每年国家、省、市和高新区管委会投入的创新资金不低于 2 个亿。凭借强大的创新优势，高新区自主创新成果丰硕。20 多年来，累计转化科技成果 3000 余项，列入国家、省、市各类科技计划 1600 余项，150 余项成果获得国家、省、市科技进步奖，申请专利 3400 余件，全区拥有在全国领先水平的自主创新产品 100 余种。

目前，郑州高新技术产业开发区积极实行"一区多园"战略，以园区为载体，培植产业优势，引导产业集聚，打造产业集群。现已建成的园区有：河南省国家大学科技园西区、国家 863 中部软件园、新材料产业园、生物医药产业园、光机电产业园；正在建设的园区有：河南省国家大学科技园东区、威科姆国际生态软件园、生态创意园、固态照明产业园、光伏产业园等。这十大园区高品位规划，高水平服务，已成为促进企业快速发展和产业迅速集聚的重要平台。

近年来，郑州高新区社会、经济持续快速发展，规模以上工业企业成批连片。园区坚持以高端项目、大项目的引进和培育为重点，初步形成了具有区域特色的五大主导产业：电子信息、新材料、生物医药、光机电一体化、新能源产业，形成了电子信息、软件服务外包、网络安全、新能源、仪器仪表、生物制药、超硬材料等七大特色产业集群。

3. 西安高新技术产业开发区——西部高新技术产业前沿

西安高新技术产业开发区是经国务院 1991 年 3 月批准成立的国家级高新技术产业开发区，位于西安市南郊著名的科教文化区，是国家级重点建设的高技术园区，已建成 20 平方千米。开发区内有经国家认定的高新技术企业 1800 多家，经济指标位居全国 54 个国家级高新区前五位，成为代表西安与西部高新科技产业前沿的领地。

开发区内科研单位众多，高校林立，文化氛围浓厚，教育环境和资源得天独厚。在推动技术创新、发展拥有民族自主知识产权的高新技术产业方面也形成了自己的优势和特色。西安高新区科技创新竞争力位居全国第三位，仅次于北京中关村和上海张江高科技园区，全区累计转化科技成果近8000项，其中，90%以上拥有自主知识产权，被列入国家各类产业计划，居全国高新区前茅；再加上区内对外交通联系方便快捷，这些为高新技术产业的发展提供了良好的基础条件。

西安高新区形成了以电子信息（包括集成电路、软件服务外包和通讯设备制造）、先进制造、生物医药、现代服务等产业为核心的高新技术产业集群。以电子信息产业为例来说，西安高新区共有电子信息企业800多家，已形成以中兴、华为、海天天线、彩虹资讯、威世、英飞凌等龙头企业为核心，科耐特、华晶电子、华山半导体等一大批中小科技企业为支撑的产业集群。

如今，西安高新区已成为中国中西部地区投资环境好、市场化程度高、经济发展最为活跃的区域之一，成为陕西西安最强劲的经济增长极和对外开放的窗口，成为我国发展高新技术产业的重要基地。到2015年，进入建设世界一流科技园区示范区行列，使高新区自主创新能力、规模经济能力、国际竞争能力、可持续发展能力有新的突破；到2020年，力争成为高端人才荟萃、创新产业活跃、产业集群发达、新兴业态兴旺的创新之城，成为具有一流机制、一流环境、一流要素、一流绩效的世界一流科技园区。

▲陕西西安高新区，中国电信大楼

中国高新技术产业的未来思考

中国高新技术产业是现代化、市场化、国际化的产物，正在不断创新，前途远大。但是，在看到成绩的同时，我们也要看到其中的不足和差距，欣欣向荣的背后也有许多值得反思的地方。中国作为发展中国家，高新技术产业的发展还需要从多方面加以培育和扶持。第一，加快国有高新技术企业改革。国有高新技术企业要通过市场化改革，除去传统计划经济遗留下来的产权不清、政企不分、职责不明、效率低下的弊端，把高新技术产业的作用充分发挥出来。第二，实施高技术产业品牌战略，增强市场竞争力。高新技术产业要充分发挥资源存量的作用，进行资源重组，做大做强，形成若干竞争力强的企业集团，参与国际竞争，在强手如林的国际市场上抢占越来越多的份额。第三，重视资金的投入、科技的创新和人才的培养。资金是高新技术产业的血液，没有充足的资金就不可能进行产品的研发与技术创新；缺乏具有自主知识产权的核心技术是我国高新技术产业的短板，从长远来看，这种不利局面必须改变；人才是高新技术产业的关键，我国具有人才优势，但是改革开放以来人才流失相当严重，为此，我们要想方设法留住人才。同时，还要创造优越条件吸引包括留学生在内的国内外人才，更要下大力气培养自己的人才队伍。只有在这三方面牢牢站稳脚跟，我国的高新技术产业才会更加繁荣。

2007年7月10日，经国务院同意，国家发展改革委印发的《高技术产业发展"十一五"规划》正式发布。该规划第一次提出了高技术产业区域发展的三大任务：一是推动长江三角洲、珠江三角洲、环渤海地区三大高技术产业的优势区域率先做强，使之成为增强我国高技术产业核心竞争力的创新基地和全球高技术产业布局中重要的组成部分，带动我国高技术产业由加工装配型向自主研发型转变。二是进一步增强主要中心城市的产业自主创新能力，发挥主要中心城市高技术产业的辐射带动作用，带动区域经济发展。三是将各类高技术产业基地和产业园区培育成我国高技术产业发展的孵化基地和增长点。

有了发展高新技术产业的优越环境，有了发展高新技术产业的政策保障，我们没有理由不相信中国高新技术产业的未来将会更加美好，也没有理由不相信中国将会成为世界高新技术产业领域的强国！